ヨベル新書046

The Eucharist
Edward Schillebeeckx

ザ・ユーカリスト

トリエント公会議以降の新たな出発

エドヴァルト・スヒレベークス［著］
時任美万子［訳］

YOBEL,Inc.

The Eucharist
by Edward Schillebeeckx

7th impression 2005
Burns & Oates; 1 edition (November 1, 2005)
Language: English

天よりももっと近くに――まえがきにかえて

聖書　出エジプト記16章30〜36節
ヨハネによる福音書6章52〜59節

主イエスは「私の肉はまことの食べ物、私の血はまことの飲み物」と言われ、またそれらを食さねば「あなたたちの内に命はない」とまで言われます。

〈肉を食すること〉は、詩編ではほぼ殺人として忌み嫌われ、〈血を飲むこと〉もレビ記では禁じられています。実際、ここでの議論は後に、せっかくそれまでに増加していた〈弟子〉と呼ばれる人たちを去らせる結果ともなるほどの激しいものでした。

ヨハネ伝6章は、その冒頭から福音史家ヨハネが聖餐について語ることを目して書いています。5千人の給食も、他の三つの福音書と異なり、群衆に食べさせることを求め、かつ感謝の祈りを唱えて配餐しておられるのは主ご自身です。やがて十字架に架かり、ご自分の死を犠牲として差し出される方は、聖餐において与える方であると同時に、与えられる実質そのものになってくださるのです。

今日、既に1996年にヨーロッパの改革派教会で取り交わされたロイエンベルク条項は《主の晩餐においては、復活者キリストはそのからだと血において、ご自身を分与される》と、ともすればツヴィングリ的な象徴説に傾きがちだった改革派の聖餐論をエキュメニカルな方向へと近づけています。《分与》という言葉の中に、罪の告白と共に、象徴、記念としていただくことを促された二品は、今や復活者キリスト、栄光化されたキリストがご自身を分け与えようとしておられるのだとの意味が込められています。

この世の旅路は、出エジプトを果たした人々を1か月もたたないうちに待ち受けていたものが飢えと渇きであったように、ともすれば挫け、ともすれば〈昔は良かった〉と回想するものになりがちです。

しかし、その旅路にあって、マナを備え、苦い水さえも飲料に足るものとしてくださった神は、今は御言と共に「世々に渡って蓄えられ」、イスラエルの人々が「人の住んでいる土地に着くまで40年に渡って食べる」ことができ、「エジプトの国から導き出された時には、その荒れ野で食べたパンを見ることができる」ようにされたものを供給し続けてくださるのです。

「先祖が食べたのに死んでしまったもの」とは質も種類も全く異にする霊的食物は、単に霊の食で終わるのではなく、それを食する人との間に深い一致、絆、交わりをもたらすのです。

その人は、主の言葉通り「いつも私の内におり、私もまたいつもその人の内にいる」という、パウロも体験したキリストの内住を得、主との深い交わりの内に生きるのです。「私を食べる者も私によって生きる」からです。

さらに「天から降って」来たパンを食する者たちの間には、相互の愛が生み出され、教会の一致を強めて行きます。主のパンの内住は個々人と共に共同体、教会をも結びつけるのです。ルターは一致のために教理の一致を先立てましたが、その他の改革者の中には、主の晩餐の一致を先立てたマルティン・ブツァー（Martin Butzer, 1491~1551）のような人もいたのです。

世界に散らされた主のからだが、やがて一つとなるためにも、御言《みことば》と共に、このサクラメントが一つとなって重んじられる時、人々は互いの愛に生き、自分たちの共同体のためにだけではなく、広く世界の共同体をも思い、そこにある格差や貧困の問題にも思いを差し伸べて、小さな自分であっても差し出す人へと変えられ成長して行くでしょう。天のパンはそこまでの萌芽を潜み持っています。

（当時古河伝道所伝道師、２００７年8月19日の礼拝説教要約）

ザ・ユーカリスト――トリエント公会議以降の新たな出発

目次

導入——新解釈への警報

ユーカリスト的現存についての全く新たな神学的解釈の完成は13世紀に起こった。それはユーカリストにおけるキリストの唯一無二の存在についての「感覚的」解釈への反作用であった。中世においては、批判なくそっくりそのまま受け入れられていたわけではないが、一般的には流布しており、〈「コミュニオンにおいて、私は本当にキリストのからだを噛む」〉というものに対してであった。

この新解釈はその主唱者だけを挙げても、たとえばアルベルトゥス〔1200―80頃　ドミニコ会士〕、ボナヴェントゥラ〔1217頃―74　フランシスコ会神学者、枢機卿〕、そしてトマス〔1225頃―1274　イタリアの盛期スコラ学最大の哲学者、神学者、ドミニコ会士、教会博士〕であり、確かにある種のショックを与えた。しかしながら中世の一般的な人々は、大学で何が起こっているのかを知らなかったので、牧会的領域においては警報を発することはできなかった。

これらの近代化人たちを退けて、教会の多くの人々はユーカリストについてはある方法で考え続けたが、それは既に何世紀ものあいだ存在し、広くはグレゴリウスI世大教皇〔通称大グレゴリウス、在位590―604〕によってもたらされていたものであった。中世の霊性においては彼の影響は大であり、さらに後代にまで、その素朴なありように彼は責任を引き受けていた。

13世紀の「新神学」は斬新かつ近代主義的響きを持っており、明らかにキリスト教信仰の核心部分を突き、我々のいる20世紀――すなわち出版その他伝達手段を伴う社会開化の方法、とりわけ上から下、下から上へ、また近代の混合社会全体をつなぐ複数の伝達経路を持つ思想の流れが、常に流動する状態を持つ時代においては、間違いなく大きな警報を鳴らしていたであろう。伝統的思想へのボナヴェントゥラの姿勢は特に刺激的であった。

彼いわく「無思想の人々は全く危険なこの秘跡思想にたぶらかされてしまう」と。

ユーカリストのナイーブな伝統的概念はしばしばトマスにとってさえも過剰であった。「未信者が、聖められたパンを憎しみや拷問を加えてやるという気持ちで突き刺すときには、いつでも中世的伝統によれば血を流すのだが、この血はキリストの真の血だと考えるキリスト者たちがいた」とトマスは言う。トマスはこの過剰なリアリズムを受け入れることはできなかったのだ。彼はさらに、「キリストは聖櫃の中に閉じ込められてはいない、秘跡の形態、奉献されたホスティアはそこに存在するけれども」というところまで行く。我々のためにキリストの「物理的存在」を現実化する二種（パンとワイン）、しかしそれらは「霊的に、見えないありかたで」為すのである。全ての「新神学者たち」は一つのことがら、「キリストはその住まいを天から祭壇に移さなかったし、奉献されたホスティアの中に神秘的な方法で封入されるほどに自らを小さくはしなかった」ということに賛成した。さらにトマスは続ける。「我々は『パンの実体』について語るとき、注意しなければならない。何故ならパンは耕作の産物であり、その『実体』は粉と水をこねて焼いた結果からきたものであるから」と。だから彼は、物質的世界はよって立つ土台であり、人間的介在によってこの新しい実体が生じると容認しつつも、これについていかなる不可思議も創作しないようにと警告した。

ではこれらの近代主義者たちは「現臨」を受け入れなかったのか？　彼らは敬虔な中世の伝統的信仰に衝撃を与えなかったのか？　彼らは、異端的ベレンガリウス〔1005頃—88中世の哲学者、神学者〕をユーカリスト的存在についての信仰宣言に屈服させたローマ教会会議を批判するところまで行った。ボナヴェントゥラの意見としては、この『信仰の宣言』は「過剰に形成された」のであり、感覚的すぎるのである。トマスはまた、その成文過程をも攻撃し、「我々は自分の歯でキリストを噛み砕かない」と言い、「キリストは身体的に噛まれ食されない、秘跡的形態において以外は」と言う。

かくして洗練された方法において、トマスは公文書についての非感覚的ときあかしを与えたのである。奉献されたワインを飲み、血ではなくワインを味わったと、その不確かさに苦しむ司祭たちの「感覚的誘惑」を静めるために、彼らが味わったものは偽りではない、それは「キリストの血の秘跡だ」と保証を与えたのである。

ボナヴェントゥラはそれを「最も聖いしるしの形態“the forms of the most holy signs”」と呼んだ。中世において、一般教会員及び彼らにユーカリスト的存在をとりついだ司祭たちの、より感覚的方法に比べればこれらの思想は全くショッキングであったに違いない！

しかし中世においては、多数派の信仰は平和のうちに少数派の信仰のかたわらに存在することができた。

たとえば中世大学の一般教養学科に参加したり、あるいはパリ、ケルン、オックスフォードの神学部で学んだ者は実際だれでも、一般教会員の信仰の「感覚的」経験とは全く異なった考えを持ったのである。この平均的信仰の経験は、偉大な修正者たち（彼ら自身初期スコラ主義の学びを続けた）に従って平穏な道をたどり――また根本的に純正なカトリックの意味合いとも和して――今日までにさえもたどりついたのである。これらの「新神学者たち」の「科学的信仰」の基本的意味は、直接的最終的分析においては、教会の一般に忠実な信徒たちとのそれと等しかったのである。しかし信仰の表明の仕方においては、この二つの道は何という違いだったことだろう！

この「科学的信仰」は確かに微妙なニュアンスで現われたにもかかわらず、「人々の信仰」の基本的感覚には何かを欠いているように思われた。つまり、秘跡とは常に我々にとっては、現実においてしっかりした支えを与え心に入ってくるものだという気づきを含む「人々の信仰」の感覚にとっては。際立った例はおそらくキュレ・ダルス Cure d'Ars の信仰である。彼は素朴な人々と同様にその態度において「感覚的」であり、祈るとき何時間も聖なるホスティアをながめることができ、「私は彼をみつめ、彼は私をみつめる」と言った。「我々は互いに見つめあっている」と言うのである。誰もがこのやり方において神秘を体験できるわけではない――ユーカリスト的敬虔はある種のメタプレティカに対する主語であり、その可能性は救いのできごとについて感じ、見させる秘跡の可視性によって内的に供給されるものである。

歴史は人生の教師である！　キリスト教の過去にしっかりと目をとめることは常に、新解釈に向かう熱い探求の真中で、信仰生活に深い静けさをもたらす。我らの信仰は歴史性の中に生存する。状況的要因は確かに今日、昔よりも緊張の度合いを高め、それは爆発的でさえある。神に感謝であるが、信仰とはもはや単純に神学者にとっての問いではない。我らの時代には信仰と神学とはニュースになり、これはまた神学者にとって新たな倫理的状況の発展を導いた。神学者はもはや教会の普通の人々が、どのように彼の書いたものを解釈するかとの問いから離れて、自分の探求を追い求めるわけにはいかないのだ。「この新解釈は多分に必要とみなされるにちがいない」という事実は、考慮さるべき決定打ではない。新たな倫理的情況が神学者の肩に、新解釈の確固たる形成を義務づけるのだ——心的には宗教的感覚を考慮に入れることの困難と忍耐を担う。この宗教的感覚は今日「キーワード」「参考要点」「親しいイメージ」と密接な関係にあり、しっかりと結びついている。それはカトリック信徒に、信仰についての彼ら自身の深い洞察を取り戻すことを可能にするであろうし、単純にショックとはならないであろう。神学者はまた、熱心な信徒がうかつにも信仰についての深いカトリック的センスを放棄してしまう原因を与えることに気をつけねばならない——人々が素朴に、新しくかつ「目立つ」解釈の要点を取り違えてしまうことで。

警報はすべからくあらずもがなというのは真理ではあるが、ある程度の掻き回しを起こしてしまうという怖れから沈黙にとどまるのは正しくない。誰一人、彼が言ったり書いたりしたことに対して、正当であってもなくても、全反応を予測はできない。しかし現代の状況では、神学の実践はあわれみの業として、純正に禁欲的に持ち運ばれるべきだし、もしこれが神学者の態度でなかったならば、その目的はミステリーを、あるいはそこかしこで我らの人生に語りかける信仰のドグマを作り出して、その最良の機会を取り逃がし、実際設定した根本の意図は拒絶されてしまうのである。と言うのも、その際には多くの信者の心に唯一つの印象が残るだけなのだ――それは我々にわかる、と。

記憶にないほど、親しんできた信仰の感覚に従って彼らがとらえてきた面であっても、最後の晩餐時にあけぼののにも似て始まった人間の旧い歴史は、ある人々にとっては純粋な残像なのである。彼らは読書から得る印象にこだわる――通常悪い印象に。しかしこの理由を、我らはどこに帰するのか？

もう一つの対応もまたキリスト教感覚において正当化することはできない――すなわちここで我々が直面している、信仰の深い神秘に対するものである。この面前では、我々は礼拝においては頭を垂れ、我らが誇る神学の舌は沈黙させるべきだ！　というもの。これは完全にまちがっている。救いの神秘の前での礼拝において頭を下げることは信仰についての思考を刺激する。何故なら我らは神秘を信じているのであって、ナンセンスやアブラカタブラを信じているわけではないのだから。正当にもトマスは言った（そしてこれによって彼はただ一人、信仰の全伝統をまとめあげ、ブルトマン〔1884-1976　ドイツのプロテスタント神学者。バルトと並ぶ20世紀の巨星〕の「前理解」をさえも期待させた）。つまり「人はある程度理解するものでなければ、提示される信仰に同意することはできない」——前理解なしに信仰はあり得ないのだ！

神秘においては啓示はそれ自身を「全意味」として提示する。何故なら「全存在」なのだから。真実の礼拝とは「私は教会が与えるもの全てを信じる、正しかろうが誤りだろうが」と逃げ口上でケリをつける無意味な態度ではないのだ！　礼拝は人間の生の存在領域から利する全てを持っている。自分自身について考え、また自分自身を通して考える全ての存在論的経験は、この聖なる神秘に直面する。それは密接な関係にある。ヨハネ福音書においては、ユーカリストの祝いについての教会の長く祈りに充ちた黙想部分が占める。教会の祝いについての熱心はその後、神学的探求で味わわれることになる。何故なら啓示はどこでも「神学」となってヨハネ福音書の中にあるからだ！　よって実体変化の議論は典礼の秘跡的できごとの全文脈の中に置かれたときだけ十全な意味を持つ。しかしそれはヨハネ福音書が三部作になるということを意味するだろう。よって不本意にも私は自らを制限することになる——これに対する反論は正当であろう——以下のような実体変化の細かな分析に対して。

状況は私をこの道筋へと押し出す、たとえ神学者として私がこの種の取り扱いを、不当にも方法論的に考えるにしても。しかしながらこれをもってそこにあるリスクも引き受けることにして全力を尽くしてみよう。

教理を正にカトリック教義として解釈しようとする近代の多くの試みの中で、基本的方法論の誤りと思われることは、たとえばトリエント公会議がカトリック信仰として要求した教義の何たるかを明らかにすることなく、近代の現象学的見地から解釈しようとしている事実である。しかしこれは私には問われるべき第一の問いだと思われるのだ。教会の権威的解釈において、ユーカリストのできごとについて、啓示なる神の言葉は何をするのか、私に教えてほしい。私は正に啓示されたことを第一に確立し、次いでそれを現代風のやり方で解釈するためには、人は自分自身の今風の考えは「括弧閉じ」の中に入れて始めるべしということに、少しでもクレームをつけようとしているわけではない。それは単純に不可能であろう。私の現代的思考は、たとえばトリエント公会議教義は我々に何を意味するかという自分の研究から切り離せないものと密接に結びついている。近代的問題を「括弧閉じ」の中に入れる企ては、私のアプリオリ（先験）が、私を教義的中身を直裁に解釈することから遠ざけることになる。信仰の神秘についての中世の解釈は、中世の神学者たちにとっては問題ではなかったが、別の思想世界を生きている我々にとっては問題なのだ。私はトリエント公会議の教義の重要性をその真の価値において正しく評価することはできないだろう――常に前進する歴史の中に置かれた一つの歴史的クローズアップであるものを――歴史はトリエント以来前進するのを止めたかのように私がふるまうのなら。つまりいまだカトリック信者なのだが、そうではあっても、あたかも中世の人とは違う20世紀の人間にはならなかったかのようにふるまい、カトリック信仰は歴史発展の外にとり残されたと考えるのなら。もしそうであるなら、信仰は生きた信仰ではないであろう。

実際もはや全く「信仰」ではない。何故なら信仰とは、そのありようが存在的できごとなのだから。

その場合、私の信仰はモニュメント（記念物）とドキュメント（文書）にかかわるだけで、救いについての神の終末的行為とはかかわりが無くなる。この行為はそれ自身が歴史において「我々に向かう神」（ギリシア教父たちが常用した言葉）として、人間イエス・キリストにおける神が我らのために啓示したのである。さらに私は決して救いのできごとの意味を、それが私に客観的に向けられたもののようにとらえることはできないであろう。もし私が単純に人類史を受け入れ、恩恵そのものがまた歴史をつくり出し、恩恵とは歴史であり、私にとっては歴史の中で、自分の人生のリアリティが唯一リアリティであり得るのだということを忘れるならば。しかしそれらがいかに魅惑的であっても、我々はこれらの方式的考察を片方に置いて、20世紀の信者としてトリエント教義の客観的意味を捜し求めねばならない。方式的考察は生きた経験、具体的探求において確かに存在する。それはしばしば妨げは少なく、釈義的主題化よりも容易なのである。

私は本書Ⅰにおいては、実のところ自分の意見として神学的かつ組織的視点からの重要な要求をこれ以上には提示しない。Ⅱにおいて、近代人の経験に開かれた方法で、とりわけカトリックの純正な教義として、ユーカリストにおけるキリストの特殊な現臨についての信仰のリアリティを解釈することにしよう。カトリック教義とは全てのカトリック信徒が受容できるものであり、それをもって20世紀の新しい思潮の中でさえもアットホームに感じ得るもののことである。

I 信仰へのトリエント公会議的アプローチ

(1)　一般的背景

我々は神学全史から、過去の異なった環境から成る信仰についての公式化を単純に繰り返すのは常に危険であり、そうするなら信仰についての生ける確言をすることはかなり難しくなることを知っている。啓示の構造によれば、いろいろな分野の知識や旧新約聖書の著者についての特徴を知ることなくして、聖書の現実的意味を把握するのは不可能なのである。神学者たちが霊感された聖書に開放的に適用したことは、正に公会議声明へ適用するための開かれた冒険のようであったに違いない。しかし、注目すべきことは、あるキリスト者たちは、聖書に対してよりも、これらの声明に、より以上の敬意を払ったことである。にもかかわらず、我々は啓かれた神の御言葉に忠実であるのなら、実践においては、このメソッドを置くことに努めねばならない。もし単純に我々の限られた解釈と、キリスト者間の純正な信仰の規範としての言明を前面に置くなら、我々は神の言葉を敬うことに失敗するに違いない。

しかし他方、我々は決してどこにも純粋な状態において神の言葉を見出すことはできない。その本質に反するものとして「教義の語法」というようなフレーズが正当にも回顧的状況に適用されているが、根本的に誤解を招いている。それらは「我々は教義を言で飾ることができ、また言から切り離すことができる。子供が人形に着せたり脱がせたりするような容易さで」というような印象を与えている。我らにとっては今や時代遅れの思考法かもしれない信仰に関する過去の思想において、「現に主張されたもの」(それはいずれにしろ既に一つの解釈であった)と、この主張が表現された方法(その言い回し表現)との間に相違をたてることは可能なのである。しかしこれらの過去の時代においては、この「表現方法」は、信仰声明が真であるのか否かの問いに対して生命線だったのである。過去のキリスト者たちは彼らが表わした方法でだけ信仰を提示できたのであろう——というのも、彼らにとっては、教義は彼らが表現した形をもって立ちもし倒れもしたからである。

よって次のことが明らかだ。その歴史的状況においては教会の教える権威は、教義の特定の観念あるいは言い回しのためには出版印刷するしかなかったのだ。何故なら当時の知的潮流においては教義の表現方法の否定は、避けがたくそれが表わす信仰箇条の否定を意味したので。実際そのような表現方法へのチャレンジはしばしば教義否定の暗示以上となった。つまり、表現形態に対する確固たる無視はしばしば教義そのものの現実的内容のまっとうな否定となったのである！　それは時の経過が、過去の教義決定の「言い回し」について意味深い問いを投げかけ得る、異種の思潮が生まれた後だけなのである。つまりこれらの決定に対して、信仰に充ちた新しい決定を見出す過程が始まり得るということ。人間の視野と思潮が変化しない限り、人は教義を全体としてとりあげるだろう。すなわち教義を意味深く経験するために、必要な思考の枠と一緒に。

あらゆる種類の絶対的傾向が結局は、将来は過去に準備されていたということを示すにせよ、誰も歴史を予測することはできない。歴史が前進したとき、過去からのテキストは新たな成就を見る。かくしてあらゆる世代は、たとえばプラトン〔前427-347〕やアウグスティヌス〔354-430〕を新しく学び得――過去は繰り返し新たな道を生き、そのようにして真に個性あるプラトン的アウグスティヌス的センスとそれら著作の意味が内的に現実に実現されるのである。「釈義なし」によらず、誠実な釈義によって！

同様に聖書の解釈的読みには際限がない。代々、教会は聖書を繰り返し読み、この二千年間、過去が現在にもたらした光のおかげで、そうやって時と共にしだいにそれ自身の意味を啓示してきた。同じことは公会議文書にもあてはまる。聖書の、また会議の声明が神秘を伝達するという事実は、人間の思考と信仰の歴史的特性を除去しない。よって信仰において、教会で過去に出された声明を精査する際には現在の問題を算入せねばならない。さもなくば、我らがこれら早期の声明を精査する必要はほとんどなくなり――見出すことを前もって知ることになるであろう。それは我らのため歴史家によって再構築される際、思考と言い回しの歴史的枠を伴った教義になるであろうし、また信者として我らは正に出発した地点に立つのだ！

ボナヴェントゥラとトマスは、「信仰宣言」を非神話化したベレンガリウス〔1005頃-1088〕は、彼らの新アリストテレス主義的思考の光の下で同意したのだと好意を示した。つまり彼らはそれを、ローマ公会議が11世紀にユーカリスト中のキリストの現臨を形成した「感覚的」枠から取り出したのだ。ある亜流者たちは明白に中庸を示すことはできないが、しかしこのことはトリエント公会議への控訴によって、そのとき全世界（特に西ヨーロッパ）を通してなされた、「実体変化」のリアルななかみを理解するための純粋な努力に対して停止を呼びかけるべきだということは意味しない。もし我らがそうすべきとするなら、我々はおそらく（可能性はそこでは先験的である）教義のではなく、思考の初期のやり方の権能を切に求めるべきである！

教会の発布権は近代主義者たちに抗して保持されるであろうが、しかし我々は初期の思考枠に訴えているだけだという事実は消え、しかるにいわゆる近代主義者たちは、それをもってはもはや現代には信仰は隆盛しない思想の枠からそれを切り離すことによって、今日の信者たちに適切なようにもう一度、不可侵なドグマそのものを現に作り出す問題に深く関心を持つのである。

しかしこの「切断」は多大な注意を以ってなされねばならない、何故なら我らはここでは、たとえば地上で手でつかみ捉えることはできない神秘にかかわるからである。我らがここで所有する事柄は、信仰者に大きな害を引き起こすことなく、その光輝さを引き剥がすことはできないカトリック信仰の、生きた神秘全体中の最もデリケートな一つなのである。

(2) 教義のテキスト——発生、成長そして最終稿

トリエント公会議以前、ある少数の神学者たち（司教ではなく会議専門家）は会議において、よりゆるやかなユーカリスト議論をしようとの考えで、プロテスタントの出版物を勉強し、その中のカトリックでは容認できない声明のリストをまとめ上げた。これらの声明は第一に、集められた神学者たちによって精査された。この作業の結果は次いで、会議の神父たちに手渡された。彼らは会議（少なくとも現在の実状においては）が教義的結論をたてあげるだろう事柄についての土台、また議論の土台としてそのテキストを用いたのである。トリエントで始まった全員出席の本会議はペストに脅かされ、会議は一度ボローニャへ移された。後にトリエントで再開され結論へと導かれた。ここで少なくとも直接的に我らにかかわる事柄はカノンとその発生である。カノン1と2によって糾弾されている声明の最初期の基礎的テキストは1547年2月の全体本会議における議論のために提示された形をとっており、以下のとおりである。

カノン1と2

A

I．ユーカリストにおいては我らの主イエス・キリストの身体と血は実際には（現存せず）印としてであり、居酒屋の外の看板にあるワインのようである（飲み屋の入り口に看板があってそれに杯その他のシンボルがある)。これはツヴィングリ、エコランパディウスそしてサクラメンタリアンの誤りである。

2.（実際にはここでは3）ユーカリストにおいては我らの主イエス・キリストの身体と血は実際に（存在する present）が、同時にパンとワインの実体 (substance) と共にであって、それ故実体変化 (substantiation) ではなく、パンとワインの実体 (substance) を伴う（キリストの）人性との本質的一致 (hypostatic union) がある。何故ならルターは云々……。

さしあたり、これらのテキストにおける改革者たちの見解の正確な再生に、神学者たちがいかに遠かったかについて、私は疑問視するつもりは無い。二つのカノンの最初のあらがき（最初の概要）［B］はこれら二つの命題［A１—A２］に基いて作成され、１５４７年5月9日に始まった全体討論に先立って会議の神父たちに配布された。

B

1．ある者が、ユーカリストの秘跡は我らの主イエス・キリストの身体と血を実際には含んでおらず、そこには印あるいは象徴的な形態のもとにあると主張するなら破門さるべし。

2. ある者が、ユーカリストの秘跡は、聖なるカトリック教会が説教し教えてきたことから外れたやりかたで我らの主イエス・キリストの身体と血を含むと主張するなら破門さるべし。（カトリック教会のやりかたとは）すなわちパンの全実体が身体へ、かつワインの全実体が血への、唯一無二のすばらしい変化であり、二つの形色（聖体の外観。ミサ用のパンとぶどう酒。）のもとで裂かれ分けられる際には、それぞれの少量の中に全キリストが含まれ、その変化はまさしく、我らの父祖たちにより実体変化(transubstantiation)と呼ばれたものである。

これらのテキスト［B］は議論のため、会議の神父たちに提示された。1547年5月17日から23日の集まりにおいては、種々の検閲あるいは修正が施された。ここで我らにかかわるのは次のことがらである。

カノン1［B1］においては幾人かの神父たちが真実に従って反対し、よりきっぱりした語を選択した——すなわち真実にして現実に、現実にして真実に、実体にして現実に、あるいは真実にして実体に、と。

カノン2［B2］では「パンとワインの二つの形色(species)は、にもかかわらずとどまるが」という書き入れが要求された。何故ならこれについては、議論されてきた公的案においては言及されていなかったからである（議論されてこなかった個々の案に較べれば）。これらの修正は5月17日に、より上級の神学者たち（司教であり同時に神学者）への委託に付された。「真実にして現実に」の定式は受諾された。加えて同じカノン2［B2］の「含まれ」の語は「存在する」に置き換えられた。驚くべきことは幾人かの司教が（彼らは少数派に属するが）「現存する」に反対し、より対抗的な用語である「存在する」あるいは「含まれる」を好んだことである。

司教Th・カセルスによって非常に興味深い助言が会議の議論にあげられ、委員会で彼自らが弁護したが（彼は一員であった）、賛成一票（自分のもの）のみで否決された。彼いわく「スコラ的であるが故に」と、もっと直裁に「秘跡的変化」について語ることを好んだ。変化について、華麗ではあるがむしろ意味無しの形容詞である「唯一無二のすばらしい」の代わりに。これは、秘跡神学的観点から、会議中最良の助言であったと私は思う。不幸にしてそれは採り上げられず、会議条例は「なぜか」を我々に語らない。司教は明らかにユーカリストについての「感覚的」かつ粗野な現実的見解に反対したのであるが、他方会議の神父たちはカトリックとプロテスタントが同意に達するであろうこれらの点を決して強調せず（我らの場合、ユーカリストのできごと全体の秘跡性）、カノンにおいては改革者たちに抗して反応しただけであった。カノンは結果として修正され、第二版として修正案は1547年5月25日、総会質疑にかけられた。

C

1．ある者が最も聖なるユーカリストの秘跡は、実際にかつ現実に我らの主イエス・キリストの身体と血は含まず、ただ印あるいは象徴的な形態（form）とだけ主張するなら破門さるべし。

2．ある者がユーカリストの秘跡においては、我らの主イエス・キリストの身体と血は、カトリックが爾来保ってきたところのものとは異なるやりかたで存在すると主張するなら破門さるべし。（カトリックのやりかたとは）パンの全実体が身体に、ワインの全実体が血に、唯一無二にしてすばらしい変化によって変わるということであるが、にもかかわらずパンとワインの二形色は残り、それ故それぞれの部分のもと、全キリストが存在し（含まれ）、その変化は適切にも我らの父祖たちによって実体変化と呼ばれたものである。

1547年5月25日、修正案は全体会議によって精査され、また全種類の新たな修正が加えられた。

上級神学者委員会は5月27日に新助言について議論した。ひとつの驚くべき助言は「形色」(species) という語は「付体」(accidentia) に変更すべしというものであった。上級神学者委員会は5月27日に新助言を議論した。委員たちとしては「形色」を固守すべきか、あるいはそれを「付体」に置き換えるべきか決断しかね、投票に委ねた。結果は各語同数であり、テキスト (「所有する」in possession) は不変更にとどまった。新テキスト [C] は公会議に戻され、二つの基本的カノンは少なくとも (我々がここでかかわっているもの) は修正無しで受け入れられた。しかし、それらは出版されなかった。多くの理由により、ユーカリストについてのこれらのテキストは4年間、放っておかれた。問題は1551年9月には再度採り上げられた (このときは再びトリエントで)。ボローニャで作成されたカノンは議論の出発点として採り上げられたものの、全ては全疑問が根本的に再審査される方向へ向いているように思われた。以前の命題の土台に立って、神学者たちはプロテスタント著作家たちの著作物からいくつかの主題を引き出した。二つの教義的「カノン」の基礎であった二つは根本的に同じ形式で残った（既に記したとおり）。これらの主題は少なくともそれらのなかみがかかわる限り、後の二つのカノン（プロテスタントの宣言が積極的に主張したことはアナテマで表現した）の基礎として再度採り上げられた。神学者及び司教たちによって初めに議論された後に。我らの二つのカノン〔1—2〕に関する限り、新たな少数の要素だけが現われた。マルティン アヤラ司教（スペインのグアディクス）は、カノン1の「印のもとにおいてだけでなく」の後に「そしてその救う効力においてだけでなく」が挿入されるべきだと要請した。これは、よく言われるような、カルヴァン〔1509-64〕（彼は実体変化にかかわる限り決して名前はあげられていない）を標的にしたものではないが、単に「異端者の立場を明白に罰するために」入れられた。ユーカリストの問題においては明らかに「効果的印」（救いの効果的印）というだけでは十分ではなかったのである。

修正されたカノンは1551年10月3日に公表され次のようなものであった。

D

1．ある者が最も聖なるユーカリストの秘跡は真実に現実に、実体的に我らの主イエス・キリストの魂と神性と共に身体と血とを含んではおらず、これらは印、形（figure）、あるいは効力的にだけ存在すると主張するなら破門さるべし。
2.（実際はテキストでは3）。ある者が最も聖なるユーカリストの秘跡の中にパンとワインの実体が、我らの主イエス・キリストの身体と血と共に残り（存在においては）、あるいは嫌悪すべき冒瀆的現代主義者の言によるのだが、キリストは「パン化している」（パンの留まっている実体と結びついている）とし、このすばらしくも唯一無二の、パンの全実体は身体へ、ワインの全実体は血へ、にもかかわらずパンとワインの二形色は残るけれども、というこの変化を否定して、我らの父祖とカトリック教会が適切にも実体変化と呼んだものを変更するなら、破門さるべし。

「真実に、現実に、実体的に」という副詞の羅列はただ原初の re vera「実際に」（純正に現に）という語に、より重要な意味を与えただけである。その意味が割引されてしまうかもしれない、なんらかの可能性を除去するために。しかしながら「実体的に」という語は、私が後述する意味に特別な陰影を持つ。

この新たなカノンについての議論は一定数の興味深い議論を出現させた（その内の幾つかは本著の二章まで考慮に入れない）。たとえば一人の司教は「真に存在する」という表現においては、ユーカリスト的存在の特殊な秘跡的特徴は、「現に、そして秘跡的に」を挿入し、キリストはユーカリストのおかげで存在するのだから「効力によって」を除外して強調すべしと助言した。「パン化されたキリスト」についてのテキストもまた会議の神父たちから、プロテスタントはいまだかつてそんな断言はしていないと批判された。この段階（教義宣言数日前）でも前述の否定的断罪的思想が、カトリックの教えの積極的かつ簡明な説き明しによって矯正されただけであった。委員会によって修正されたテキスト（1551年10月9日の案は、実際案はカノン1と2に関する限り決定教義と全く同じ：後述）は次のようであった。

E

1. ある者がユーカリストの最も聖なる秘跡が真に現に実体的に我らの主イエス・キリストの魂と神性と共に、身体と血、すなわち全キリストを含むことを否定し、それら（身体、血など）は印、あるいは形色としてだけ、あるいはそれらの効力によってだけ（存在する）と言うなら、破門さるべし。

2. ある者がユーカリストの最も聖なる秘跡において、パンとワインの実体は我らの主イエス・キリストの身体と血と共に（存在において）残ると主張し、パンとワインの二形色は言うまでもなく残りつつ、パンの全実体が身体へ、ワインの全実体が血へと、カトリック（教会）が適切にも実体変化と呼ぶすばらしくも唯一無二の変化を否定するなら破門さるべし。

よって［D―E］変更はわずかであった。目立つのは教会用語「実体変化」について歴史的関係性が確認されたことであった。以前いくつかの抵抗を退けて、少なくとも聖書的同様、霊的にその用語使用を注視する傾向はあったものの、教父的かつ公会議習慣、さらには普遍の教会に（先の概要が「我らの父祖たちと普遍のカトリック教会」としていたように）それを帰することにも、この概要においては突然の変更があった。つまりそれは過去を引用せず、単純に「カトリック教会」（「普遍の」を離れて）が（いずれにしろ今）適切にも呼ぶ「実体変化」と。

司教たちは――より多くの者たちが１５４７年よりも１５５１年の会議に、そしてイタリア以外からも出席した――この一般化を、また歴史見解から見れば基本的には正しくない主張を強く批判した。「パン化」の理論は一種の「本質的結合」(hypostatic union) の延長表現とみなされ、一人の司教の主張通り、プロテスタントはそのような意見は言い表わしていないということで完全に除去された。新たなカノンは議論のために再度会議に託され、修正は委員会によって取り扱われた。様式故の二つの小さな用語の置き換えを別にすれば、我々がかかわる二つのカノンに変化は無かった。この命題はよって決定的かつ教義的テキストであり、1551年10月11日におごそかに採択された。

(3) いくつかの釈義的追加表現

公会議の神父たちの基本的意図は「ユーカリストの最も聖なる秘跡の定め」4章（cap. 4）カノン2の注解に明らかにされ、キリストは明確に自分の身体を非常に現実的な意味でパンのかたちもとで引き渡すと理解したので、教会の確信（今回の会議は今や明白に宣言することを望む）は爾来常に、パンの全実体は我らの主キリストの身体に、ワインの全実体は彼の血の実体に変えられる、パンとワインの聖別によってというものであった。

この変化は適正かつ適切な方法のもと、聖カトリック教会によって実体変化と呼ばれた。

結果としてカノンは、パンとワインの実体は聖別後にはもはや存在しないというところまで行った——現存するリアリティはキリストの血と身体、具体的キリスト全体（神の神性と人性において）である、「パンとワインの二形色は、にもかかわらず残るのであるが」。これは教会が適切にも実体変化と呼ぶ、変化の徳によって起る。それは公会議決議から明らかである。つまり「変化」の概念については全く議論が無かったということであり——さらなる面倒は無く、全員によって受け入れられたのである。しかしながらいくらかの疑問視はあった。「実体変化」という語もまた強調されるべきか否かということについて。つまるところ、この表現はその背後に短い伝承を持っていたし、会議の一人の神父ははっきりと過去の年数としての世紀を数え上げて主張した、「教会はこの語を数年間使ってきたとむしろ言うべきだ」と。よってこれは用語の問題なのか、あるいは「実体変化」という表現なのかが第一のことではなかった。ある司教たちは、評議会はそのような（最近導入された）流行の語を採り上げるべきではないと信じて削除を依頼さえした。一方で会議の神父たちの多くは新しい語、ホモウシオス（homoousios 同質）を問題にした。これもまた聖書には出てこないが、教会の初代教父たちがキリスト教的異端のために発見したと思われるものである。言うならば信仰についてのさまざまな見解は〈新用語〉使用を必要としていたのである。〔実体変化の〕用語はしたがって受け入れられた、ルターによって明白に強固に拒絶されていたので。つまり先のホモウシア（同質）の語同様、「実体変化」はトリエント公会議にとっては正統信仰の政治的幟旗であって、16世紀にはユーカリストについての、宗教改革者たちとカトリックの間の相異を適切に主張するものなのであった。さりながら、当の語自体（「実体変化」）は何も解説されなかった。単純に意図されたのはユーカリストの教義においては、それによってキリスト者が自分の立ち位置を即座に明瞭にできるようにということであった。

この重要性を我らの時代は失った――プロテスタント神学者たちでさえ「実体変化」という語が示唆する力を受け入れ見出したというのに。幟旗としての機能を失ったのである。何故なら今や、それは違う積荷を載せた船が浮遊するのに使用される語になり得るのだから。

オリエント公会議の神父たちは、単純にこの用語法よりも、より重要な最終声明において明白に表示することの価値、すなわち「最適用語」についての問いを心に抱いていた。加えてウィーンの司教でさえ教義が厳粛に公刊される、まる三日前に「実体変化」の語を削除するよう要求した！　では基本的に何が問題となっているのか？　公会議は教会内でのユーカリストの「現臨」の重要性の保護を望んだ。ツヴィングリ〔1485-1531〕、エコランパディウス〔1482-1531〕、そして聖礼典主義者たちは決定的に象徴の重要性を強調した。カトリック教会は常に「印」(signs)であるべきユーカリストの秘跡的二形色を宣言しており、トリエント公会議はこれに逆らっては何も言っていなかった。よってカノン1が、ユーカリスト的存在が、たとえば洗礼や他の秘跡の場合同様、秘跡的象徴主義として「決定的かつ唯一」と説明されたことに従って、命題が非難されただけであった。

さらに公会議は述べた。

「このユーカリスト的存在を、他の秘跡におけるキリストの存在と同じような等級の存在としてみなすのは十分ではない、何故ならそれらの秘跡においては『効力によって』現に存在するのだから」と。

つまり自らを与えるキリストの人格的行動は、たとえば洗礼の秘跡は象徴的行動(action)の印の内に、秘跡を受ける誰にとっても見える形をとった。よって洗礼においては象徴的行為(act)において、キリストとしては自分自身を現に与えるということがあったのだ。

しかしこの解説では、ユーカリストにおけるキリストの存在の特殊な質は保証されない、もっと深い何かがその中で成し遂げられたのだ。公会議はその結果、ユーカリストにだけキリストの現臨があるとは言わなかった。スコトゥスの時代まで、キリストの現臨が、初めてユーカリストにおける特殊な存在と同定されることは無かった――これは不幸なことであった。と言うのもキリストはまた御言葉の奉仕、信者の集合共同体（第二バチカン公会議憲章、典礼について一章の七で特に告白されているように）における奉仕においては現に存在（非ユーカリスト的に）しないのか？　しかしユーカリストにおけるキリストの現臨は他の何かなのである。

キリスト単独現臨のこれら種々のかたちの各々は、リアリティの、それ自身特殊な様態、(forms)を持つ。しかしトリエント公会議はユーカリストにおけるキリスト現臨の特殊な様態を守り、それを告白する課題を持っていた。それは公会議の基本的意図であったし、カノンが読まれ、解釈されるべき光の下においてであった。現実統合を組み立てるためには、この存在についてのなんらかの再検討――つまりユーカリストにおけるキリスト現臨の――に集中すべきであったし、同時に全典礼でのキリスト現臨の背景に抗するユーカリスト的存在の熟考を要した。全典礼におけるこの現臨は、御言葉の典礼的宣言にとどまらず、ユーカリストの祝いのために集まる信者共同体においても、その現臨は含まれる。しかし不幸にも、私が先に述べたように、この背景はここではさらなる説明はないままに仮定されねばならない。私は渋々この道筋を、要点、つまりユーカリストにおけるキリスト現臨に絞ってとりあげる。

我々は同時にトリエント教義の三つの異なった段階に気づく。

1．教義の最中心は特別かつ特殊なユーカリスト的存在の三叉的断言であり――すなわちここでのパンとワインの秘跡は形色のもとにあるキリストの身体と血の現臨――イエスが次のように言い得た、深く現実的意味において理解される存在である。「これは私の身体である」――私はあなたが食するようにそれを手渡す。そうすればあなたは私と交わりを持つ。

これによってキリストは「真に、現に、実体的に」［E1］存在し、単に「印として」あるいは「効力によって」、あるいは単純にコミュニオンにおいてだけでなく、事前（奉献典礼後）も事後も存在するのである。ユーカリストにおけるキリスト現臨の持続する特徴についての三叉の教義の特徴は、この独自な存在の特殊なリアリティを指し示す。

2．トリエント公会議はこのユーカリスト的現臨を、パンとワインの実体がキリストの血と身体の実体に変わるという基本に立つ以上の他の方法において表現することは

できない。［E2］

3．このパンとワインの変化は適切にも実体変化（カノン2の結語）と呼ばれる。

私は既にこの3番目にして公正に関連するレヴェルを論じてきた、つまりは用語法についての問いである。それ自身すぐに問題となって存在するのは、1と2のレヴェル間、第1と第2のカノンの間での関係性とは何かということである。これらは二つの異なった教義なのか？　導入的第4章（cap. 4）は明らかに繋がりを確立している。（何故ならば）特別にユーカリスト的現臨があるのだから、「他への実体の変化」はあるにちがいない。これはカノン2の前段階から引き出される。（すなわち）「ある者がユーカリストの秘跡において、我らの主イエス・キリストの身体と血が、聖なるカトリック教会が爾来保ってきた方法、すなわち変化とは異なる方法でと主張するなら」。

会議は明らかにユーカリストにおけるキリストの現臨の特殊な性質に関心を示して述べた——これ以上でもこれ以下をもってしてでもなく。これは非常に暗示的に、さまざまな司教たちの介入によって挑発的に例証された。その内の幾人かが意見を表明した。実質(substance）の変化を実体変化という語によって積極的に会議が表現したかったことは、既に最初の声明において、多くの言で言われてきた。つまりキリストは「真に、現に、そして実体的に」ユーカリストの中に存在するのだと。この見解は特に1551年の討議で表明された。切り離せない弁明(justification 正当化)がカノン2の誤りに供給された。というのも、多くの司教たちが、反対は最初の命題(カノン1)の誤りから明白だったと主張したのだった。2番目のカノン(カノン2)だけが最初のカノン(カノン1)で既に言われていたこととは違う成文化であった。つまり、実体変化にかかわるカノンは、何も新しいことは付け加えなかったのだ。ユーカリスト中の特殊かつ独自の現臨に言及するそのなかみにかかわる限り。ユーカリスト的「現臨」と「実体変化」は公会議の神父たちの心中においては証言としては一致していた。しかしこの一致を斥けてメルキオール・カノーは特に会議において指摘した。新しい成文化は最初の声明がしたのと同じ信仰には属していないと。この神学者は――彼は当時、特に神学のメソッドにこだわっていた――つまり2番目(カノン2)の成文化については、同時に疑いを残しつつも最初のカノンの(カノン1)なかみに正統的断言を与えることは可能と感じたらしい。もし我々の心中の近代的問いをもってこの歴史的結果を見るなら、同時に赤信号をも見る――トリエント公会議の神父たちはパンとワインの実体変化の承認を彼らが強調しない限り、ユーカリストにおけるキリストの現臨を確立または表現することはできなかったのだと。しかしその場合神学者はすぐに次のような問いに直面する、ユーカリストにおける「現臨」と「実体変化」の間の必要な結びつきは、教義そのものの内的必要なのか、あるいは時代の霊的知的情勢においてユーカリスト的現臨が「当時」容易に確証され得る唯一の方法である思考に必要な何かであったのか？

もし後者なら、「実体変化」の断言はもはやユーカリスト的「現臨」の形式上の繰り返しに過ぎない——つまり別の論理的用語は同じことを言うために2番目のカノンで用いられていたし、なかみにかかわる限り最初のもの［カノン1］で述べられていた。この問題の解決は、ユーカリストにおけるキリスト現臨についてのトリエント公会議教義が、教会がその時全時代に向けてはいない「用語法」の相を並べるのか、あるいはこの相を実際は並べないのかの問いが絶対必要だ。決定的カノン2のさまざまな描写から、4章の趣意から、また会議の神父たちの幾つかの部分への介入から判断することは、いずれにしろ神父たちはユーカリストにおけるキリスト現臨の唯一無二かつ特殊な（カトリックの）実質に、真に関心を持っていたということである。しかしまた次のことも明らかである。キリストのこの特殊な現存は「実体変化」の受諾を強調しない限り守りようがないと確信していたということである。そこで浮かび出てきたのは、最初の声明は疑いなく二次的であり、ここでは純粋に論争的文脈において最初のものを説明するものであったということである。

しかしながら他方、多くの司教たちがカノン1と2は、その中身がかかわる限り同一であり、会議は積極的に（結局）分離したカノンを2番目の証言――実体変化に――委ねたのである。少なくとも一つの主要見解からはこうも言い得る、トリエント公会議は2番目の証言に重きを置いたと。

何故なら特殊なユーカリスト現臨があるのであって、それゆえ公会議は実体変化を強調するのだ（4章 cap. 4)。

よって我々は言えるし、またそうせねばならないのだが、公会議はまっすぐに実体変化を指し示している、何故なら真の意向はユーカリスト的現臨を守ることにあるのだから――4章が「クオニアム…イデオー…」〔何故なら、故に〕と述べているようにと。これはつまりトリエント公会議はこの唯一無二の存在が実体変化の土台に立つ以外、他の方法では表現できなかったということだ。この実体変化を否定する者は同時に、この独自の存在を、またカトリック信仰を否定するのだ。

たとえばボナヴェントゥラとトマスは、それを同じ方法で提示した彼らの出発点として、キリストの身体と血の秘跡的特殊な質(quality)をとりあげた。それは聖書的資料、教義であったが故に、信仰のこの相の考察にとっては規範であった。この出発点から彼らは次のような「神学的結論」に達した――この類の存在は、パンのリアリティのキリストの身体のリアリティへの変化の手段によって、それを為す以外生じない（起こらない）のだから、故に我らは実体変化を受け入れるのであると。ボナヴェントゥラもトマスも信仰の争う余地のない事実――ここには特殊な現臨がある――をもって始めた。この、彼らに取っては避けがたく暗黙の事柄の故に、彼らは第二の場所［カノン2］――つまり神学的理性に立って――パンの実体について語ったのだ。信仰についての最初の教義的声明［カノン1］に比べて、実体変化の彼らの主張は神学的である。ボナヴェントゥラとトマス時代以前にさえも、あるローマ会議は既に実体変化について語っていたという事実にもかかわらず。イノケンティウスⅢ世は１２０２年に実体変化について言及しており、第４回ラテラノ会議はこの用語を用いていた。トマスはこの文脈では、少なくともこれらのテキストに言及してはいなかった。彼にとっては――特殊なユーカリスト現臨はパンの実体変化を以ってしか確立できない――と考える必要は第一かつ主要事項であったのだ。それはまたとりもなおさず、ボナヴェントゥラにとっても同様であったが、これを思索（反対存在）への必要とみなし、また教会の普遍的伝統にも訴えた。特にトマスにとってはパンとワインの「実体変化」

は、特殊なユーカリスト的存在についての信仰論拠から引き出される神学的結論であった。トマスが実体とその付体のアリストテレス的教義に訴えたのはいわば第三の場の時だけであった。そこでは、全ての出来事が、トリエント公会議に先立つあらゆる伝統において微細な特徴で充ちていた。明白な特徴はとりわけ信仰についての現実的論拠、つまり最終的には聖書なのだが、それとこの論拠が表現し解釈する方法との間にあった。

既に見てきたように、公会議当時、出席者の幾人かはレヴェルの相違を感じ取っていた。しかしながらそこには重要な特徴があった——トリエント公会議はここでは、超越的権威の土台に立ちつつ、その純粋さにおける信仰についての聖書的証言は、同時にパンとワインの実体の証言なしでは支えられないという事実に対する、一種のエキュメニカル会議であった。そのような状況においては、教理の「神学的発展」と「教義の発展」との間の相違を考慮することは重要であった。つまり単純に神学的結論としての、神学において一度認識されたなにごとかは、後の段階では全教会の意志によって、そして究極的には教会の教える権威の公的カリスマによって、信仰についての真実な論拠として証言される。よって我々はトリエント公会議においては、全くの同価値ではない相違する二段階の声明があったのだという単純な言説をもっては、いまだ結論づけなかった。

会議神学者及び付託された神父たちによるプロテスタント言説についての報告に照らせば、最初のカノン（ユーカリストにおけるキリストの現臨にかかわるもの、カノン1）は明らかにツヴィングリ、エコランパディウス、聖礼典主義者たちに抗するものであり、彼らは特別かつ特殊なユーカリストの存在の特徴を不正確に述べた者たちであったのだ。ルター〔1483-1546〕もカルヴァンもこの関連においては言及されていない。トリエント公会議の神学者たちはユーカリスト的存在についてのルターの見解において、カトリックはどうであったかについて特別な感情を持っていた。一方ではルターの総合的見解とカトリックの見解との間の根本的相違に気づいていた――ルターはこの特殊な存在を典礼、よってコミュニオンの間だけ（使用においてだけ）受け入れ、ローマ教会のサクラメントを「安置しておく」ことに強く反対した。これは少なくともユーカリストにおける現臨についての異論を導き出し得るものであり、パンは聖別の後は単にパンとして残るというルターの見解を表わすように思われた。これは彼の「コンパネイション」理論（キリストと共在するパン）を不信がらせ、それ故パンの「実体における変化」についての2番目のカノンが加えられた。「実体変化」の用語をさらに烈しく攻撃するルターに対する理論武装として。

このことは再度トリエント公会議の神父たちがユーカリストにおけるキリスト現臨の信

仰の純粋な問いに真にかかわったことを示している。もちろん我々は会議が、どのようにして全く別枠思考の神学者側に立って反応し、またこの「真に、現に、実体的に」ユーカリスト中のキリストの身体と血の存在を意味深く考え、説き、維持する他の可能な方法があり得たのか問うのは、はなはだ困難である。16世紀のカトリックにそのような見解や思想の違いは存在しなかったし、トリエント公会議の神学者たちの誰もその時代に先立って考え論じることはできなかった。トリエント教義を思索しつつ我らが今できることの全ては、会議の唯一の狙いは信仰の不可侵論拠としてユーカリスト的存在の唯一無二にして特殊な性格を布告することにあったと繰り返すことである。

(4)「実体」概念、教会の伝統及び実体と付体のアリストテレス的教義

しかしながらトリエント公会議による2番目の声明（カノン2「実体変化」について）もまた二つの異なったレヴェルを含ませるのは全く可能なのである。これらは次のように形成

されたのかもしれない。先ず第一に会議は言の根本義における「変化」を断言したくて「実体の変化」と言う表現で表わした。第二のレヴェルは実体と付体についてのアリストテレス的教義のそれである。ここまでは我々は、これら二つのレヴェルが実際カノン2に存在するのかしないのかいまだ確定してこなかったので、これは明らかに我々が今すべきことである。一般的にはトリエント公会議についての多くの近代歴史家たちは、この会議は自然についてのアリストテレス的哲学からは全く分離していると主張した。これは特に「付体」(accidents)という用語の慎重な忌避、及び「形色 species」(あるいは「形態 forms」)という語の使用から明らかであると。このことに私は賛成するが、加えてこれらの著者たちによって、(会議は) 宗教改革に対して踏みとどまって闘うことを望んだだけであって、カトリック神学者たちの間のスコラ的議論を定着させる意図は無かったというのはおそらく正しく、そのために五つの場所を移したということが前面に出てきた事実に同意する。そして、会議は慎重に「付体」という語の使用を避けたというのは歴史的に誤りであり、認識を欠いているという見解を私は信じる。もちろん「付体」という語は公的なトリエント概要のいずれにも全く使用されなかったというのは正しい。しかし公的概要の土台として作成された非公式テキストには用いられたのである。この一つの例はセリパンドーの概要である。

それには明らかにこう述べられている。

「（パンとワインの実体における変化）付体は主体なしに存在し続ける一方で」。

ユーカリストについての最後の会期では一人の司教が「『形色 species』という語は『付体 accidents』に変えられるべきだ」と提言した。修正事項を検討せねばならなかったセルヴィニ枢機卿のもと、付託された委員会はテキスト変更せずと決断した。何故なら我々が見てきたように、各語に同数の投票があったからである。

結果として形色 species（forms）という語は残り、この決断の正当化は重要であり――「形色」という語はその背景に確固とした伝承を持ち、第四回ラテラノ会議、フィレンツェ会議、そして多くの神学者たちによって既に使用されていたのである。その他の4人の投票者たちは、つまりは「両用語共に等しく良い」と言ったのである。現実的には「形色」の語が残された。何故ならテキストは法的に既に保有されていたからである。この全議論においてアリストテレス的用語としての「付体」についてはいかなる言及もされていない。トリエント公会議の神父たちは次の適切な理由で自分たちを「付体」という用語から切り離そうとはしなかったのである。厳格なトマス主義者であれ、スコット主義者であれ、その他も、彼ら皆、思考法においてはアリストテレス的スコラ主義者たちであったし、全員にとって「形色」及び「付体」の語は信仰について、及びその枠内の思考においては、全く一致したのである。これは正にトリエント公会議についての多数の歴史家たちが誤るのだが、神父たちは、見方によっては多少とも自分たちをアリストテレス的思考から切り離そうとしたのだと思いこむのである。このことにおいて彼らは時代錯誤を創出し、釈義的にヘマをやった。それは付随的に、教義の近代的再解釈をますます困難にしたのである。

我らが語ってきたように、人間思考の勃興史において決定的に位置する人間——すなわち自分自身を自己流の思考法（彼にとって自分自身の完全な部分）から離れることができて、この歴史を期待する人間は一人もいない——この場合、4世紀もさかのぼって！　個々の相違はあったが、実体と付体についてのアリストテレス的教義はトリエント公会議の全神父たちが考えた枠内に収まった。信仰についての根拠（ユーカリストにおけるキリストの唯一無二の現臨）を熟考する際、パズルやマジックとしてではなく、信仰の秘儀としてであって、彼らは必ずアリストテレス的枠内でそれをした。それ以外でどのようにして考えられよう？　自分たち自身とこの思考法の間に距離を置くことは、彼らにとってはこの信仰の秘儀について、全く意義深く思考することへの拒絶に他ならなかったのである！　さらに歴史的にアンフェアなのは、我らにテキストを考え易くしようと、早期の会議テキスト中において、神父たちの信仰思想に「分裂」を見ようとすることである。近代の著者たちは自分たちの理論がトリエント教義の再解釈を促すと信じているが、実際上はさらに困難にしている！　何故ならトリエント教義が実際特別な哲学を聖化することなく、はっきりとアリストテレス的用語における信仰根拠が表現されることが歴史的に明らかになるときだけ、それは神学者たち（哲学的思考の現場から解き明かす）にとっては、教義とは歴史的に決定され、故に比較的誤り易い「用語」という相を含むことの証左となる。ある学者たちは（現代の問題及び信仰についての自分たちの考え方から離れて）、直接的にトリエント公会議の神父たちがユーカリストについて信じ語ったことを見出そうと努めた。このために彼らはより古いもの、次いで本質的なもの、そして思考法を除いて「再構築」しようとした。

しかしトリエントの真実の解釈は——反対に——我々の現代的思考法と会議の神父たちのそれとが両者共に問題に携わるよう持ち込まれるときだけ可能なのだ。これについては後で明らかにする。アリストテレス的用語で教義を考えなかった会議の神父たちが一人ならずいたことには多くの証左がある。確かに——究極的には聖書的に——犠牲にされたのは、ユーカリスト的存在についての特殊なカトリックの性質だという感覚がある。しかしこの特殊なカトリックの性質を強調するためには、神父たちは当時代的言葉で全てを表現するしかなかった（つまりアリストテレス的スコラ的用語で）のである。教義を守るために必要であった限りにおいて。彼らは確かに哲学と信仰の間の相違に気付いてはいたが、信仰についてはいやおうなく考えた。その概念と範疇において、そして彼自身の思考の全枠内で。これはアリストテレス哲学の、教会による何らかの裁可を暗示するものではない。にもかかわらず実体と付体の全体的アリストテレス教義は、その中で会議の神父たちが熟慮する枠であった。もしそれがかつて実体と付体の間のアリストテレス的教義はもはや主張できないという哲学的見地から興っていたのなら、教義自体が何らかの方法で不利益を被ったであろうことは間違いない。カトリック神学者たちによってユーカリストに適用されたアリストテレス主義は結局実体と付体の間にいかなる裂け目も決して受け入れては来なかった！　純正で歴史的なアリストテレス主義の根本的な「実体変化」であった。この洞察は明らかに問題の解決へのより一歩の近づきをもたらすトリエント公会議に先立つこと古く、ジョン・ウィクリフ〔1320-1384〕の書、「さらによく論じられたユーカリストについて」では、現臨についての引用として、中世に流通した「三つの見解」をあげており、これらはトマス、スコトゥス、そしてベレンガリウスによるものであった。ウィクリフがベレンガリウスの象徴的解釈を好み、彼を正当化したのは興味深い。ウィクリフ自身はオックスフォード大学でアリストテレス主義者であった。実体と付体との間にいかなる分離も認めない純正かつ歴史的なアリストテレス主義に忠実でありながらも、彼は実体変化を否定し、結果として同時にカトリックの独特なユーカリスト現臨理解を否定した。実体と付体の間の如何なる分離も、ウィクリフは形而上学的に不可能だと主張した。アリストテレス主義範疇内でユーカリスト的存在を考えることへの彼の拒絶は、思想の同じ枠内で、彼がこの存在を純粋に象徴的に理解すること以上の困難から抜け出て他の方法を見出すことはできなかったことを意味する。そしてさらにこのことは以下のようなアリストテレス的用語が孕んでいるユーカリスト的存在を形成することに必ずや入っていくことを暗示する。

i　パンとワインの実体（substance）は残る。
ii　パンとワインの付体（accidents）は、主体（subject）無く存在し続けない。
iii　結果としてキリストの「肉体的存在（corporeal presence）」は無い。

カトリック思想との一致においては抱かれてはいない現臨についてのこのアリストテレス的表現は、拡大したアリストテレス的用語におけるユーカリスト存在についてのカトリック見解を示すトリエント公式化の完全な観測を形作る。これは明らかに、私が既にトリエントについて言ってきたことを確証するものである――中世に覆われてきた思想のアリストテレス的枠内で、ユーカリストにおけるキリスト現臨の特殊なカトリックの性格を、実体変化を主張することなしに守ることは不可能だったのだ。ウィクリフが純正なアリストテレス主義に立って自らをそれに忠実であるとみなして実体変化を否定したことは、避けがたくユーカリスト現臨の信仰教義を否定することへと導いた。そこで我々は再度、「実体変化 transubstantiation」の概念は、思想の中世枠内での聖書的かつ特殊なユーカリスト的キリスト現臨へのカトリック感覚より、それ以上もそれ以下も指し示してはいないと言おう。

コンスタンツ公会議においては、教会はウィクリフを①ユーカリスト的存在についての②彼の純粋に象徴的な③解釈（ベレンガリウス）の故に断罪した。しかしこの断罪はまた避けがたくウィクリフ、教会共に、当時思考したアリストテレス的用語で表現された。その結果、パンとワインの付体は奉献の後は、主体 subject なく存在し続けないというウィクリフの理解を断罪したのである。これはトリエント以上に明白にユーカリスト的存在と、実体と付体のアリストテレス的見解の相互関係を示している。中世においてはこの相互関係はカトリックであれ非カトリックであれ、いかなるユーカリスト的存在についての見解に対しても決定的であった。しかし問題はそこで終らない。トリエントは実際そのアリストテレス主義において地味であったが、改革者のユーカリスト的存在についての見解を断罪したとき、トリエント公会議の全神父たちは内心ではもっとはっきりコンスタンツ公会議のアリストテレス的形態を抱いていたのは真実である。

トリエントのそれについてのコンスタンツ公会議の影響が、E・グトヴェンゲルによって分析されているが、しかしながら彼は全く不正確にも「トリエントは間接的に実体と付体についてのアリストテレス的教義を、ユーカリスト存在についてのカトリック見解のひとつの避けがたい存在論的つながりとして認可したのだ」と推論した。パンとワインの実体変化とつなげて、トリエント会議の神父たち神学者たちがコンスタンツ会議（1414年）に常に言及したのはそのとおりだ。つまり最終テキストに対して重要な資源であったセリパンドー自身の前段階的研究は、事実上はコンスタンツの公式信条から作成したものだ。

最終的にはトリエントもまたウィクリフの三つの要点の断罪を再度採り上げたが、表現のアリストテレス的様式にかかわる限り――もっと厳密に行った――トリエント公会議の神父たちは信仰についていまだアリストテレス的思考の枠内で考え続けていたものの、彼らは少なくとも信仰と哲学の間の相違についてはもっと実存的に鋭敏であった。これが実体と付体についての教義が、コンスタンツとトリエント両方にとって、単に用語の問題以上のものであった理由である。トリエント公会議の神父たちは、はっきりとはこの用語面に気付いてはいなかった。実際彼らは気づき得なかったし、その必要も感じてはいなかった。彼らにとっては自分たちがしたような思考と経験は「用語」の問題ではなく、ユーカリストにおけるキリスト存在についてカトリックとして意味深く考え得る唯一の方法であったのだ。少なくとも「形色の残留 remaining of the species」とのつながりにおいて。

以下が我々にとってトリエント公会議の信仰宣言の中身を理解し得るという理由である。もし我々が、トリエントにおいて神父たちが自分たちを、アリストテレス主義から切り離した限りにおいて考えた信仰と言うものの方法をつかむならば。それこそがトリエントが具体的な信仰から独立して信じたものをたどる企てになるだろう――予め、我らをこの虜に引き行くであろうあらゆる因子を取り除いた後で、信仰について考える道を熱烈に捕えようとする企てに。

人間良心の発展後期に生き、さらにはその中世形態（medieval form）におけるありのままのアリストテレス的形而上学的哲学から離れ得――もし彼らが一丸となって拒絶しなかったならこの哲学をもっとはっきり知り得た時代に信者たちが生きた世代のみ――この思考の中世様式は歴史的に調節され、具体的な意味においてトリエント公会議が真に表現しようとするもののための用語の形であったと気付くことができるのである。しかしその場合、この後の世代はトリエント公会議の信仰についての純粋ななかみを捕えることはできないであろう、もし彼らが自分たちの（そして後の）思考法をきっちりと外部に置くならば。もし20世紀に生きている我らがユーカリストのキリスト存在との連結において、トリエント信仰の純粋ななかみを発見すべきとならば、我らはそれを再評価しつつ、また現実化、現存化しつつ親しくこの信仰のなかみに入って行かなければならない。何故なら我々は決してそれをその「純粋な状態 pure state」において捕えることはできないのだから。

しかし我々はまた帰結的にトリエント公会議の「用語法」の重要な因子の有無については確定してはいなかった。我々はたとえばトマスの中に、結局は溶解している三つのレヴェルがあることを見てきた。第一に「サクラメント固有」のキリストの特殊な存在があるという彼の主張があった。第二にパンとワインの実体の変化、あるいは根本的な変化を主張した。トマスは個人的に(伝統的用語への彼自らの最も深い核心を訳すことにかかわっていなかった時)、「(全)存在の変化 conversio totius entis」(存在の変化 change of being)と呼んだ。これによって彼は、パンのリアリティは聖別の後は全く異なった何ものかであること（キリストの身体になったこと）を意図したのである。第三に、実体と付体のアリストテレス的理論を使用した。トマスは論文の具体的構成においてこれら三つのレヴェルを区別し、次にそれを第一、第二、第三へと分けて論じた。我々はそれらを信仰のレヴェル（特別なユーカリスト存在）、存在論的レヴェル（存在の変化あるいは本体変化 trans-entatio）、そして自然哲学的レヴェル（実体変化）として要約できる。もちろん究極的にはこれら三つのレヴェルはたった一つのヴィジョンを形成する――信仰者として彼は存在論的用語、そして自然哲学の用語で教義を考えたのだ。「我ここに立つ、他はあたわず！」、彼は他からこれを分かつことはできなかった。もしそうしたならば信仰そのものについての教義は彼にとって危ういものになったであろうから。しかしそのとき我々は直ちに、存在論的には可能か否か、また自然哲学はもはや役立たないとしても守るべきではないのかという問いに直面する。我々はまた第二の疑問に直面する――信仰のレヴェルもまた事実としては存在論的なレヴェルを含むのか？　神学者カセルス司教はトリエント（むしろボローニャ）で、「変化」と呼ぶのが適切だが、秘跡的にあるいは象徴的活動のレヴェルにおいて考えるべきであって「サクラメント的変化」と呼ぶのがよいと助言した。実体と付体の教義の、格別なアリストテレス的性質を拒絶せねばならない何者か（我々は結局信仰によってアリストテレス哲学へは行かない）が、聖別の後、もはや単純には「それはパンだ」ではあり得ない「そのものは何か？」という問いに対して答えるという土台に立って、なお存在論的「変化」を保ち得るということは、全く創造可能な先験（アプリオリ）である。その場合次のことが明らかである。トリエント教義におけるアリストテレス的要素のこの種類の非神話化はいまだ全くユーカリストにおけるキリスト現臨のカトリック信仰に忠実だということ、しかし現代の光に照らせば、自然についてのアリストテレス哲学の（それは信者としては我らにはいずれにしろ泉の滴りのようなものかもしれない）熟慮を脇に置いて我々はさらなる問いを強いられる。すなわちトリエントは真に存在論的相を強調することを意図したのか、あるいはこれもまた現代においてトリエント教義の「用語法」の相と呼ばれるものの範疇に入って来るのか？　私の意見ではこの問いは現代の問題の中心に我らを運んで行く。歴史的には神学者たちと教会とは既に実体と付体のアリストテレス的教義が西方に入り込む以前にさえ、パンとワインの「実体の変化」について語っていたのは明らかなのである。さらにはギリシア教父たち、アンブロシウス〔339頃-397　ミラノ司教　西方四大教会博士の一人〕とカロリング期の神学者たちはその思想において明らかに、ユーカリスト的存在のカトリック見解は（自然についてのアリストテレス哲学への如何なる暗示も無いままに）パンの現実変化無しには保ち得ないという確信の方向にあった。トリエント公会議の神父たちは少なくとも広範な概括において、また個々の著者たちについての批評的確認は無いままに、明確に教会教父たちがユーカリスト的存在を抱いていた方法について情報を得ていた。ラテン教会が中世後期「実体変化」の用語を使用し始める以前にギリシア教父たちは「要素変化」あるいはメタ　ストイケイオーシス（パンとワインのエレメントがキリストの身体と血に変わる）について語っていた。それなら何故ラテン教会が「実体変化」について語ってはならないのかと、パリの博士ジョン　コンスィリーは声をあげて主張した。会議においてはテルトリアヌス、アンブロシウス、ヒエロニムス、キプリアヌス、ニュッサのグレゴリウス、ナジアンゾスのグレゴリー、バジル、アウグスティヌス、イレナイオス他に言及された。よって公会議の神父たちは次のように結論づけるに至った。「用語（実体変化）はより最近のものであるが、現実の信仰 real faith（信仰と物 fides et res）は言うまでもなく旧いものだ」と。

もちろんトリエント公会議の神父たちはユーカリスト的変化についての父祖たちの見解の特殊な性質については気付いていなかった。ギリシア教父たちは最初の3世紀間におけるアリストテレス的影響の外に留まってはいたが、彼らは既にパンとワインの根本的変化について語っていた。それはキリストの身体と血なのだと。古代の西洋典礼ではこの文脈で用いられる語は「変容する transformare」「変身する transfigurare」「移し変える

transhundere」「置き換える transmutare」であった。古代東方典礼ではメタポイエイサイ、メタパレスタイ、メタリスミゼスタイ、そしてメタストイケウースタイ〔訳者：池田敏夫神父によれば語は異なっても、西洋典礼用語と同じ内容とのこと〕を用い、これらの技術的用語はギリシア教父から引き出された。モプスウェスティアのテオドールから一例を引こう。

「キリストは言わなかった、『これは私の血の印である』とは。そうではなく『これは私の血、ワインの変化が起こったのだ』と（言ったのだ）」。

古代教会は中世がそうであったように、パンとワインの現実的変化を確信していたのだ。しかしこの根拠について古代教会が考えていた範疇は、むしろ教会が特に考えていたこととは違っていた。何故ならば古代教会は思考においてもっと古代世界に向かっていたのだから。初期キリスト教のヴィジョンはもっとダイナミックであり、教会の最初期教父たちにとっては肉体的事柄は権力者たちに左右されていたし、ものごとの変化は他の権力者たちがそれを左右し把握していたことを意味している。故に彼らは、キリスト者とはその肉は神によって、聖霊によって捕えられている人だと言った。さらにはこれらギリシア教父たちは、物質的事柄 material things は「質の無い without qualities」、すなわち自分たちは自身を創造者が望むままの全質 all qualities を以って包まれる存在だとみなしたのである。ユーカリストの文脈において「変えられる」とは、よってキリスト、ロゴスがパンとワインを所有して、それを彼の身体と血にしつつ、充当して彼の身体と血にしたことを意味する。

このユーカリスト変化のためにギリシア教父たちが用いたメタバレインとメタポイエインという語はとりもなおさず「所有によって自分自身のものにすることによる変化」を意味する。この方法においてユーカリスト的変化についてのギリシア教父的見解はある意味で「質的融合」(ヒュポスタシスユニオン)の展開、受肉の意味であった。

後代のスコラ神学者たちにとって二次的に重要な問題は――キリスト、ロゴスの神性はユーカリストにおいては随伴的存在だということ――これはギリシア教父たちにとっては正に問題であった。何故なら彼らは人間の義認は神格化だと見做したので。ロゴスは彼らの上に降下した聖霊によって、犠牲的賜物を所有した。乙女マリアから彼(キリスト)が身体を所有したように。変化が起こった方法はかくしてロゴスがその身体を受肉時に受けたのと同じなのであった。それは言うならば礼拝的、秘跡的キリストの受肉であり、聖霊が捧げものの上に下り、形色を「貫通」し、それらをキリストの身体と血にし、このことは典礼的礼拝の神秘の内でのみ起こり得る。かくしてロゴスは、そのとき生命を与えるロゴスの所有における存在を通して「霊的力」を獲得したパンとワインのこれら犠牲の贈り物を所有する。この方法での受肉は生き続け、ユーカリストにおける礼拝的かつ秘跡的方法において効果を発揮する。つまりパンとワインは聖霊降下の徳によってロゴスの本質である身体の「血と身体」へと変化したのである。

自然的力の代わりにキリストの救う力は今や犠牲の贈り物において効果的なのである。この方法においてはパンとワインは聖別の後、秘跡的形態になる。そこにおいてロゴスの身体は出現する。つまりそれらは自然のことがらとしての自然的独自性を失い——それ自身を所有しなくなり（実体から出て）ロゴスによって所有されロゴスの身体へと受け取られる（実体へと変わる）のである。基本的な教父の教えはトリエント公会議と同じであるが、思考的には異なった枠内で表現されている。ギリシア教父たちはいかなる意味においても付体の「背後」に実体が備えられているとは考えなかった。彼らのパンとワインの実体変化についての見解は、付体に対抗するものとして実体を見ず、それはその独自の独立存在の担い手なのである。パンとワインはそれらの実体を失い、根本的にはキリストの身体であり、ロゴスの救う器官である、新らしい独立した存在あるいは現実をまとう。ここで我らが保持するのは現実的実体変化であることは否定できない。それはアリストテレス的用語には含まれておらず、ダイナミックな方法で偉大な存在論的密度を所有しているものである。16世紀に正しくトリエント公会議が「実体変化」という用語を是認したようにギリシア教会もまた結局は17世紀の会議でメタウーシオース（教会用語ではなくラテン語のトランススブスタンスティアティオーの訳でありラテン教会に依っている）の語で是認した。

これは全て以下のことを明らかにする。

トリエント公会議の神父たちはアリストテレス的用語で「変化」を考えたが、このトリエント的「変化」は初代教会もまたこの「現実」を深く納得していたのであるがしかし、アリストテレス的文脈では表現しなかったのである。これはトリエント公会議のカノン2がそれ自身をアリストテレス的意味で解釈する必要がない我らの信仰の現実を示唆しているという考えの十分な確認であろう。

我らは今や他の論拠を考慮せねばならない。「実体変化」と言う用語は疑いなくその内部に聖書的響きを部分に持っている。中世神学はサクラ　パギナ（聖書）研究に努め、第一に文法的、次に弁証的、最後に理論的にと発展させた。よって神学の術語は聖書的語（ウルガタや他の初期ラテン語訳から）で散りばめられていた。レクチュラ（聖書釈義）とクワエスティオー（理論神学）の間の分離が次第に確立されていった時でさえ。

独自の探求における聖書的用語の使用（しばしばもはや直接的にはそれらの聖書的文脈には

繋がらない）は、この意は――つまり術語的には――「聖書的に」思考した中世神学者たちの特色であった。今や主の祈り（マタイ6・11、日毎の糧を与えたまえ）のラテン語訳はパニース スーペルスブスタンティアリース［生命を維持するに必要なパン］であり、それはトリエント公会議において神学者たちが特別に実体変化の思想と「聖書的」なパニース スーペルスブスタンティアースとを結びつけていることにおいて私を驚かせたものだ。実際、司教の一人ジョン・フォンセカは明言した、「実体変化を否定するのは異端的だ。何故なら主の祈りの、ダー ノービス パネム スーペルスブスタンティアレムに反するから」と。

初期スコラ神学者たち、特にボエティウス〔480頃-524/5最後のローマ人にして最初のスコラ哲学者〕以降は、常に聖書ラテン語でこの語が「スブスタンス」と読まれる思索に親しんでいたし、彼らの心は直ちに電子頭脳的に繋がったのである。この問いに対して私は特別に研究はしなかった。いまだに手稿のままで公刊されていない多くの資料があるのだが、にもかかわらず非常に暗示に富む幾つかの兆候に則った「感触」に留めている。しかし私は初期スコラ期のラテン語訳聖書は「実体変化」という新造語に部分的に責任があると思っているし、典型的に実体と付体についてのアリストテレス理論ではないとの感触を持っている。それでは「実体」とは教会の伝統において何を意味するのか？　教父時代そして初期中世時代でさえ、この言は既に実体と付体の間の精密な関係性からは独立した時代があった。それは二つの方法で用いられた。言の（近世）科学以前の意味は「出現」あるいは何か抽象的なあるものに対抗する「現実」であった。それは「堅固さ」「不動性」あるいは「安定性」を示唆する全てを意味するために用いられた。我々が今なおたとえば食事とか会議、あるいはヘブル書がスブスタンティアあるいはヒュポスタシスを堅固な土台を望む事柄として呼んでいる信仰の土台、その両方に結びつく「実体的な何か」に言い及んでいるように。よって最初の1世紀にはスブスタンスは常にリアリティを指し示した。加えてまた三位一体論やキリスト論と関連して科学的に用いられた。スブスタンスはここでは元来リアリティについての存在の確かさを示すギリシア語のウーシアとリンクした。アリストテレス哲学の影響は既に教父時代には感じとられていた、実体についての二重の（科学的）概念が科学的文脈に組み込まれるという結果を伴って——第一の実体あるいは具体的リアリティ、その存在において堅固なリアリティ、存在するリアリティ、そして第二の実体あるいはこの具体的なリアリティの抽象的な形成化（エッセンティアあるいはクィディタース　アブストラクタと呼ばれる）。

この二重の意味は膨大な混乱（ここでは我々は触れない）を招いた。この神学的動揺の結果は、「実体」が神学において(特に位格への「対比」において)霊的でなく具体的なリアリティ(スブスタンティア プリマあるいはウーシア プローテー）と「抽象的な本質」との両方に用いられたことである。このようにしてある者（多分にリエッツのファウストゥス）は既に5世紀に、見えるもの（パンとワイン）からキリストの身体と血への変化に言及していた。次いでカロリング期と初期スコラ学期の神学においては「パンの実体」は単純に「現実のパン」を意味し、それ自体においては実体と付体との間のアリストテレス的接続への関心は無かった。自然についてのアリストテレス哲学からは全く離れて、教会は長期間ユーカリストとの関連において、パンとワインの「実体」の変化、あるいは「現実的変化」について語って来ていた。9世紀のラトラムヌスとラドベルト両者間のユーカリスト的存在についての最初期の議論（11世紀のベレンガリウス周辺の議論よりずっと前）以来、「パン」の秘跡的印——教会はこの独特な秘跡のシグヌム（印）を他の秘跡のシグナとは対比して考えたその意味での——「現実」そしてその意味におけるパンの実体的あるいは根本的変化の必要性を暗示していたことは全く明らかである。その考えはむしろ強力に「感覚主義者」であったラドベールから異端と決め付けられたラトムスでさえ、パンの根本的変化は受け入れたが、この出来事（イン・フィギュラ　姿、形における）の秘跡的に覆われた性質は強調した。実際多大な強調が

「印」に加えられた。キリストの身体と血が言及されたにとどまらず、この身体と血は身体的かつ現実的に、ここで私のために、そしていま「内に」「下に」「通して」、あるいは「媒体を通して」(最高の形式が見出された)パンとワインの秘跡的形 the sacramental form が現われるのだと。それは以下のような信仰教義に対しては本質的かつ根本的であった。聖別後のパンにはリアリティは無い、何故ならもしユーカリスト中の究極のリアリティ存在がパンと呼ばれるべきならそこには単純にパンがある(一つのリアリティは同時に二つではあり得ない!)、そしてユーカリスト的存在は象徴的に含まれるだけだとする信仰教義に対して。

信仰についてのカトリック声明全体はこれに反対した。カトリック信仰が断言する根本的リアリティは結局は「魂」だけにではなく、あなたの身体のための霊的滋養物として与えられる「ここにあるこれ、これは私の身体である」。根本的徹底的そしてこの意味においてパンの実体変化があるとするトリエント公会議のカノン2のこの主張は、教会の全伝承によって確証された純粋に教義的論拠である。それは会議の神父たちの心におこった実体と付体理論である「形色の残存」をその結果を以って説明しようとする企てであっただけなのだが、パンの実体について伝承的に語ることは避けがたく実体と付体の間の対称を生み出した。しかしながら教義的にはリアリティについての確証としての「実体変化」は決定的に「印あるいは形においてだけ」「効力によってだけ」（カノン1）と対称をなした。これが初期教義伝承の全体における実体についての直接の意味であった。そこで、アリストテレス的枠から独立しての究極的問いは、ユーカリスト的存在についてのカトリックの見解は「現実」そしてこの意味においてパンとワインの存在論的変化なしに考えられ得るのかどうかというものであった。これは中世時代の志向に必要な関連事なのか、あるいは同じ方向で説かれた教父伝承の全体、そして（常に起こってくる「霊的傾向」を退けて）それはユーカリスト的存在教義については第一に内的存在論的関連事であり、これがために普遍的に価値ある必要性、つまり信仰の教義的必要物とする前トリエント神学全体の主張から明白なのか？　ユーカリスト的存在についての断言はパンとワインの現実的変化についての断言と密接に結びついており、この変化についての断言は教義声明の具体的な内容、つまりリアリティについての断言としてのリアルなトリエント教義なのである。

(5) 問題——リアリティとは何か？

しかしながら我々はまた釈義の問題を決定しては来なかった。中心問題に直面している今がそのときだ。

リアリティとは何か？　我々はこの問題においては知識についての観念主義者理論から、人間知識の繊細な現実主義者見解の現実を注意深く分けねばならないし、またこれらの見解の二つ共がメルロ　ポンティの身体性を含む観念論展開とも、サルトルのそれとも、あるいはデ・ペッターのオンソワ（自らにおいて）とも異なるということを保持すべきだ。はっきりさせるために一つの例を出そう。

カルヴィニスト神学者F・J・レーンハルト（F. J. Leenhardt）は、後の改革派思想に多大な影響を持ったツヴィングリのユーカリストにおけるキリスト存在の純粋な象徴的見解に反論した。彼レーンハルトは実体という言葉を保持したがしかし、プロテスタントのリアリティ見解の光のもとでであった。リアリティとは彼によれば神の創造する言葉によって決定され、物事の真のリアリティは（神がこれらの物事を被造物のためにあるべく望まれることの中に見出される）、そして二層の関係性から成る——神との関係性及び被造物、人間とのそれである。物事の真のリアリティはかくしてこれらの事柄を通して神が人間に与えることの中に設定される。物事の真実あるいはリアリティは、故にこれらのことがらそれ自身の内に、人間として見、またこれらの物事の経験の内には見出されない。すなわち「リアリティの実体はそれにおいて実現される神の意図の中にある」。それ故信仰のみがこの実体的リアリティをつかむことができる。すなわち「信仰のみが、何が神の意志の中にあることなのか、何がそれらの目的なのか、存在理由なのか、そして正にそれら存在の本質が、究極が、実体が見出されると知り得るのだ」。もしキリスト御自身が、彼の力の救済の自由において「これは私の身体である」と言うのなら、これは「実体」、わたしがユーカリストにおいてかかわるものをもってのリアリティを意味し、私にとってはパンではなく――私はこのリアリティを信仰者として理解する――それをもって自らを養うことができる主の身体なのである。

曰く「信仰はこのパンが同じ実体を持ってはいないことを把握するだろう」。人間的観点からは、パンは内的に無変化のまま留まる――それはいまだ普通のパンである、しかし信仰の目にはもはやパンではなく、私に食べよと与えられるキリストの身体である。この信仰の存在論によればパンはもはや存在論的にパンではなく、真に現在する主の身体である。「パン」は故に単純に「キリストの存在の印」以上である――「印はこの存在を現実化する」。そこでキリストは信者にパンを食べよと与えるのではなく、現に彼自身を与えるのである。

このリアリティについての見解は明白にカトリック見解とは異なる。
それはもちろん我々はレーンハルトの第一の主張である「神ご自身が全てのリアリティが据えられる究極の根拠である、リアリティとは神の本質だ」ということに不賛成だというわけではない。しかしリアリティについてのカトリック見解は、「神の創造的言葉」の超外部主義を認めることはできない。加えて彼は「この創造的言葉を通して、物事はあるところのものである。絶対的かつ内的なやり方で」と主張する。しかしレーンハルトの現臨についての近代カルヴァン主義見解は、カトリックの宗教的見解（そしてユーカリスト見解）とは全くの相違、あるいは信仰生活には興味を持たない単なる存在論的相異を含んでいるのでは？

しかしながら異なった哲学や信仰は、リアリティについての我らの見解を、多分に我らの信仰の確信から完全に切断はし得ないだろうというのが私の意見である。私には、この類のことで分離を作り出すのは不正に思える。何故なら信仰についての判定は決定によるのであり、リアリティについての判定、そして何がリアリティを構成するのかについての意見の相違は自ずと信仰の違いを包含するからである――あるいは少なくとも信仰についての具体的意味についての密度に影響をもたらす。カトリックの「聖櫃礼拝」の付加は確かに付加であるがしかし、にもかかわらず、それらは特殊な方向付けを持っている。それらは第一にリアリティについての特殊なカトリック見解の土台に立ってのみの発展であり得た。正にキリスト現臨のユーカリストからの撤退物のツヴィングリ派の発展がリアリティについてのプロテスタント見解に原初を持っていたように。

基本的に宗教改革はユーカリストにおけるキリストの特殊な存在を保持しようとしているが、それでもなおレーンハルトやテゼ共同体のリアリズムを受け入れることにはためらいがある。

そこでカトリック及びプロテスタント両者においての「付加物」、両者の根本的見解の方向性、そのために各見解がその基本的信条を通して真の危険性に晒されているかを感じることにおいて、その程度を見分けることは可能なのである。とかくする間に、カトリック、プロテスタント双方が今日、自分たちの基本的教義への付加物に逆らって反発しているのだ。そこでリアリティについて決定した双方間の見解の相違がある。そしてこの相違はそれ自身がキリスト論、教会論、マリア論、恩恵と秘跡、終末論における最も根本的な命題への言及を感じさせた。A・フルスボッシュは、ルドルフ・ブルトマンはリアリティを、つまりそれは人間と被造物であるリアリティに置いて形をとらない関係性であるとして、一面的に純粋な関係性として見たと、その本質的ポイントを突いた。しかしながらカトリックにとってはこの関係性は満たされており――とりもなおさず被造物は内部的であるということにおいて――（私はあえて「世俗的」存在と言おう）、それは神に対しては橋渡し的関係性なのである。

かくして人間に関しては神の救いの業は第一義かつ全的に救済であり、恩恵を授ける自由な活動であるが、この活動は非常にリアルなので、人間において「創造された恩恵」はあたかももう一つの面であるかのようだ。被造物は神が近づくとき、木片がそれを沈める水に道を開《あ》けるように、神に道を開《あ》ける必要はない。逆に被造物が全く神によって、なにものであろうとかまわずに呑み込まれるのである。神は被造物仲間ではない。神ご自身の空間を私の傍に占め、また神が私の空間を占領したいなら、わたしが神に対して明け渡さねばならない。神は恩恵授与さえ、内部性を通して超越的なのである。

対抗改革以来、カトリック神学者たちは彼らの注意を、この恩恵の全授与において現在する自然的な創造面（好意的に、無からであるが故に内部性を通して超越して）に向け、結果として恩恵の最も特別な面、すなわち神と人間との間の相互主観性（人への神の語りかけと人間の信仰による応答）を熟慮することをしばしば蔑ろにしたことは否めない。ユーカリストの場合でも根本的出来事――キリストの、今ここでの事実上の自己授与、ユーカリストにおける自らのリアルな現われ――は全て頻繁に過ぎるほど現臨とその視界を失った。「客観的論拠」がこの成り行きから離れて一方的な注目を浴びると同時に。

では今一度私は強調したい、この一面的な処方は付加物であると。しかしにもかかわらず、それ自身が引き出すのだ、ユーカリストについての基本的かつ純正なカトリック的意味を構成するもの――つまりそれにおいて神が自分の恩恵を与えるために人間に近づくあらゆる行動において現在する創造的な面を。近代の著者たち、彼らは適切にもキリストの手にあるユーカリストは人間イエス（神の子）の側に立った象徴的行為であると強調したのだが果たして十分な思考を、この繋がりにおいて教会教父たちの活力ある確信（この確信は不幸にも我らにとってのその活力を多く失った）を与えただろうか？　ユーカリストは神の聖霊の働きだったという確信を。ユーカリストの「存在論的面」、キリストにおける神の救いの賜物、よって自らを与える自由な救済における、ここそして今のキリストの救う活動はとりもなおさずこの創造的な面である。この相は多分、恩恵における「彼自身の神の全コミュニケィションにおいて絶対である『創造された恩恵』」と見做されるかもしれないが、それはユーカリストにおけるご自身の特別な贈与において意外なほどの深遠な存在論的濃さを持っている。何故ならパンの世俗的リアリティの把握力を創造的に保ち、以前そうであったような世俗的リアリティを離れての（これを受け入れる人は結局は内部性それ自身における何らかの超越を受け入れる）単に超絶的な「外部からのネーミング」ではないからである。それは正にトリエント公会議がコンベルシオ（パンの変化）という言葉をもって示し、全キリスト教伝承が純粋な形で継承してきた相そのものなのである。

第2のカノンでは会議は第1のカノンでは含蓄に過ぎなかったこの変化についての信仰の論拠を明示した。つまりはパンの秘跡的贈与における存在論的相の現われは疑いなく信仰の論拠であって、単に「用語法」の相ではない。秘跡のパンにおけるキリストご自身の贈与のリアリティはここに取り込まれる（吸収される）のである。啓示及び救いの全秩序についてのカトリック見解によれば恩恵そのものは歴史的に見える形の内に人間歴史の地平に立って（かつ宇宙あるいは有形世界のレヴェルの上に立って、歴史に含まれて）我らのもとへ来るのであり、単に雨が天から降ってくるように垂直的にではない。我らの上に天から来るもの——恩恵——は実際世界から、世俗的環境を伴った人間歴史から来るのである。恩恵における、神との我らの人格的関係は同時に人間性仲間の関係でもあり、よって世俗世界に向かっての方向付けの関係でもある。

パンの宇宙的かけらの中で、ユーカリスト中のキリストにより恩恵は授与される。聖別されたパンにおいて、パンを通してキリストが自らを与え、恩恵を授与する行為は創造的相を持つ。この点、私には第一かつ重要事とは思えないのだがしかし、キリストの自らの秘跡的贈与としてのこのパンの贈り物において——その究極のリアリティにおいて、このパンはもはや単純にパンではない——、信仰における主との交わりを通して、また私においての。食するという身体的活動は、故に（信者にとって）救う行為なのである。宇宙的リアリティはこの恩恵の過程の外には留まらないし、神の外部的世界によって単純にその中に吸収されもしない——聖別されたパンそのものはここに贈与された恩恵なのだ——つまり聖化された食事として食されるべき秘跡におけるキリストご自身は全人のための滋養物なのである。世俗社会それ自身は本質的に、ユーカリストにおいてキリスト御自身の贈与の中に吸収され、それ故私の考えでは実体変化についてのトリエント教義の最深の意味をもたらす。すなわち全く神化されるであろう栄化された新体制の終末論的状況において世俗世界は既にわかちあっているという意味を（この教義の「今、私にとっての意味」の分析は後でする）。

しかしながら我々はいまだ復活と終末の間の救いのときの特徴である「今や既に」と「未

だ然らず」の中におり、故に聖別されたパンとワインはこの「古い世界」に対しても、救済の秩序の「新創造」としての新しい意味の中にいまだ属している。それ故、実体変化は二領域を含み持つ――パンとワインの存在の変化（そこにおいてキリストの栄化された身体は現に聖霊を通して捧げられる）。しかし地上的かつ現在的には（現在のこの変化を通して）パンとワインの秘跡的形態は、この世界においては身体上の地上的法則に対して主体を留めている（この場合我々が日常生活でパンとして食べ、ワインとして飲む収穫の植物的産物の）。かくして実体変化は一つ、また同時に分かたれないリアリティとしての二つの次元を持つ。これが教義の本質的意味である。

全キリスト教伝承の証言に立って（霊のキリスト論との関連で）存在論的相がユーカリストにはある。存在の変化がと断言する際、我々は同時に忘れてはならない。我々はここで同時にキリスト側の秘跡的象徴活動の存在論的相と、次に正にこの象徴活動の深遠な客観的リアリティの相を取り扱うのだと。後者はその性質から、信者の応答に向けられている。先見的に、秘跡性の範囲外でユーカリストのリアリティを探すべきではない――そうすることは信仰とユーカリストの立地点を離れることになるだろう。これは結局、我らの狙いは――秘跡的終末（論）なのだ！　この見通しにおいて「存在論的規模」あるいはキリストご自身の秘跡的贈与としての聖別されたパン固有のリアリティは真実スコラシズムのそれとは違った解釈へと啓かれるかもしれない。スコラシズムはつまるところ「深さにおいて」、つまりそれ自身の現象の背後に存在論的相を見出そうとする傾向があり、その結果人間論との繋がりにおいて、たとえば「魂の実体」は人格としての人間の身体活動よりも存在論的濃さを与えられ——あたかも意味深い人間活動はまるで自由と人間的活動についてはゼロに沈み込んだかのようにして、魂の実体より大きな存在論的深さは持たないというかのようである！　それは中世高期の初期スコラシズムにおいてよりも、さらに調和にこだわる態度をとる後のスコラシズムにあったような現象学的見解は「実体主義者」にとっては不可能なのである。人間イエス、聖霊によって聖化された神の子によって与えられた人間的意味における思いもよらない存在論的深さについてのわかりやすい解説を供給することは。しかしこれは後の章に期待しよう。

ユーカリストとは、そのありかたから復活と終末の間の出来事であり、その間地上的リアリティが今ここで、そしてその務めによって引き出される恩恵についての教会共同体の神秘内での秘跡的典礼において、地上的リアリティが恩恵の賜物の歴史的啓示となる期間なのである。すなわち、特にユーカリストにおいては——それらの世俗的独立性から、「それら自身の存在」から引き出され、キリストご自身の天の身体性「つまりは私にとっての彼の現臨」――において秘跡的形態となる広さへと向かって出現するのである。

ユーカリストにおいては他の秘跡とは異なったものとして、キリストは天的であり、秘跡においては天的に留まるにもかかわらず、キリストの特殊な地上的現臨がある。それはもちろん「秘跡的」地上的現臨であり、信仰においてこの秘跡に近づくことを望む全ての人の自由になるようにとおかれた聖なるパンの贈与において、キリストが自分自身を現在させるリアルな行動に帰せられる。この故にユーカリストにおける真のリアリティはもはやパンではなく素朴に秘跡的形態においてキリストの身体と血なのである――これが後の章で我らの近代的態度の光のもと、神学的に精査されるであろうトリエント教義のなかみである。この近代的接近は多分に明白かつ実存的にトリエント教義について、先行した分析において既に具体化していたものである。そうでなければ教義は機械的に再提示されていたであろうし、秘跡的存在は中世の知的枠内でだけ見られていたであろう。近代的カトリック解釈への開放性に向かってではなく、ただ同時にカトリック伝承に忠実さを留めただけで。

この近代的接近から離れて我々は信者として我々にとってのカトリック信仰の十全な関

係を把握することはできないであろう。結局我々は単純に中世が、キリスト者たちが、あるいは使徒たちでさえも為したようには、我々の信仰をたてあげることはできない。しかしながらそれは我々が所有し経験するのと同じ信仰である——全く同じ信仰——しかし歴史の動きの中で把握された信仰のダイナミックなアイデンティティを伴って。

我らに自らをあらわし、地上的食物の犠牲的贈り物（それは既に自然宗教においては普遍的犠牲のシンボルであったし、イスラエルによってはパスカの救済のできごとの象徴レヴェルへと上げられている）の枠内で姿を変えるキリストの救済行為としての実体変化の教義はかくしてそれらを新創造、永遠に向かう時における救済の犠牲的贈与としつつ、そのように現在、近代神学の方法において形成されるに違いない。この新しい形成は信仰についての原初の不可侵の論拠に対抗もしないし、あるいは縮小もしないのである。

II　信仰形成へ向けての新しいアプローチ

繰り返させて欲しい、実体変化のトリエント教義の重要性について語ったとき、私が述べたことを。

つまりこの種の分析は孤立させて見るべきではないということ。

この分析においては我々は原始教会と聖書に出てくるいろいろな段階において我々に与えられているような、彼らの思考によるユーカリストの祝いだけをとりあげるべきではなく――我々はまた常にその意志において、教会はいかにユーカリストを祝い考え続けてきたかを保持すべきなのだ。そのような広大な計画は、しかしながら本書の枠内で遂行するのは不可能だ。よって私は注視を、根本的とみなすユーカリストの一面のみに絞りたい。我々がここでたどる道は神学的接近のモデルとしてはみなされないかもしれない。ユーカリストについて語っている聖書的方法のありのままと、それについて語っている教会教父の方法の両者の釈義的問いが、もちろんいかなる場合でも問われるべきだ。しかしながらユーカリストの神秘の完全な精査をする代わりに、我々はキリスト存在の分析に自己を制限せねばならない。この章で明らかになるのは我らの生活の現代的文脈が、どのように実体変化教義が直接的には教義の基本的意味を純粋な形で保護でき、近代人によって新鮮な経験となり得るようにと、我々のところまで下ってきたことを伴う思想世界を再解釈することへと導くかということである。教義用語を我々の現代用語へと、どのように平易に再現すれば我らのキリスト教信仰に不必要な価値、不公平な重荷を負わせないで済むかを測るのは難しい。それをしたなら、「神秘」の概念は「機械じかけの神」のように、また実際においては人間及び世界理解の一方法である要素のように取り扱われるであろう。それは今日の我らにとってはもはや価値無く、我らの側の経験はもはや「神秘」としては存在しないものとして廃止された一方法として（取り扱われるであろう）。

自然哲学の方法による実体変化への接近は高中世のスコラシズムにおいては、やはりまだかなりまじめなものであった。しかし後トリエントスコラ主義においては、キリスト教信仰は人間がつくった神秘や奇跡のもとに葬られ、これはとりわけユーカリストについてのトリエント後の論文に起こってきた。ここでは神は多くの異なった仲介を作り出すと考えられた。最初に神は「パン」が消える現象の背後で実体を作り出さねばならなかった。次に客観的と考えられるべき物質的「質」の代理を執行する担い手としての「量」に新しく、かつ奇跡的な機能を与えねばならなかった。天のキリストの現臨を説明するためにはパンにおけるさらなる奇跡的「例証」「生産」「再生産」が必要であった。これは翻れば新しい奇跡の求めである。キリストにとっては、天に留まりつつ、なお同時に空間的には場を占めないのに、「ホスティア」の中に住まうことがどのようにして可能なのかを説明するために。

この思索は究極的に、逆転実体変化はユーカリストの形が終ったときには場を占めるべきでないキリストは引き続き、しかし決してそこを去りはしなかった天！に帰るのかどうかという問題（実際は決して解決されず、まじめに実験的問いとしてはとりあげられてこなかった）に帰着すべきであった。我々はこれらの学究的思索を今笑い得るし、それらが教会の一般の人々に役立ち得るのかと訝る。おそらく普通のクリスチャンがそれらから得たものはユーカリストにおけるキリストの存在は空になったり、「霊化」したりすべきではないという信念のリアリティの感覚であった。ユーカリストの成り行きの「霊的」解釈についての思い悩みはいずれにしろ聖書的論拠と教会の伝統的ユーカリスト経験に深く根ざしている。これらの神学者たちは無駄には働かなかった。我々は忘れてはならない、人間の相互的主観主義は同時にいまだ命題化されてはいないということ、人間は今なお自然哲学の範疇でアプローチしてきたし、アウグスチヌス主義についての反影響を退けてきたし、存在論はいまだ宇宙論に染まっているということを。そのような時代には宗教的食物に対しての著しく人間性特有なものを経験するのは殆んど不可能であった。自然哲学の文脈においてはユーカリストのリアリティは――霊化傾向に抗する信仰の全伝統を通じて繰り返し繰り返し強調された――確かに特別に哲学的色彩を帯びるはずであった。全ての試みはリアリティとしてのユーカリストの価値を確立し、またこれはユーカリストのリアリティはその救う価値であったが故に十分に正当化された。しかし存在論的領域はユーカリストの秘跡性の外に置かれてきた。にもかかわらず自然哲学は出発点として採り上げられてきたし、興ってきた問いは交差する議論と共に、神学者たちがゆっくりと、しかし確実に、出発点そのものが問いに対して開かれているという確信に達する、そのような複雑さに帰結してきた。遂には新時代が他の思考法を持ち込んだときには、その固有の道筋は、この出発点を全体的に拒絶し、他のものから建て上げていくように思われた。これはもちろんリアリティに対する人間のアプローチがかかわるときにはいつでも起こることだし――解析の道筋が受け入れがたいという成り行きの時はいつでも辿られてきた道として出発点に戻り、そして新たな道筋がつくられるのだ。（つまり）もし我々が今ユーカリストにおけるキリスト存在の解釈において同じことをするのなら、どうあっても（次のことを）注意せねばならない、たとえそれがたまたま薄暗い道の中に見出されようとも古い神学もまたユーカリストにおけるキリスト存在のリアリティを守るという基本的な意図を以って打ち立てられたのだということを。

我々は故にユーカリスト存在のアプローチのために新たな出発点を見出すことへと促される。

第一に近代の著者たちに言及して出発点の何であるかを示そう。アプローチは自然哲学からではなくて人間論からであろう。故にそれは問題への正式な秘儀的アプローチになろう。新しい解釈が「思想史」の文脈の枠内に設置されるなら、それらは一つの有機的な成長部分を形作り、それらはほとんど避け難く引き起こされるのは明白であろう。これは我々に、これらの解釈に最初の洞察を与え、どれくらい必要な再解釈かを現実にし、その企てに共感させ開くであろう、たとえ我々がそれらを反批判的に見なくとも。これはもちろん自然哲学用語でつづられた「形而上学的」解釈であるかどうかの問いを引き起こすが、にもかかわらず実体変化についてのトリエント教義の本質部分としての形式は、その結果として消えるであろう。あるいは我々は形而上学的接近と現象学的それとの間の反立へと至らねばならないのか？

調子よく進む期間、また退行する期間の各々を伴って絶えず更新される神学的解釈を思考する者は、ユーカリスト中にどのようにキリストが存在するかの解釈への幾つかの試みについては懐疑的になりがちかもしれない。ユーカリストの生ける体験に比べれば全考察が単純に関係せずというわけではなく、ユーカリスト存在の「どのように」を主題歌する全ての思考が、重要性においては二次的ではないのか？　この形而上学的懐疑主義に答えようとする試みは、この章に対する結論を形成するであろう。

(1) 新しいアプローチを告げる因子

(a) アリストテレス主義と近代物理学の間の葛藤

二つの大戦の間に実体変化再解釈の必要性は既に明らかとなっていた。近代物理学の因子は実体概念についての新スコラ的主義探求をその根底へと揺り動かしていた。このことがユーカリストの自然哲学から人間学的アプローチ変化を布告した。世紀初頭においてさえ、近代物理学はアリストテレス主義実体概念についての新スコラ主義グループにおいて熱く議論を引き起こしていた。現象世界の背後に、また外にリアリティがあるという思想は、カントの批評が、アンリ　ベルクソンから引き出される「実体主義」に対する困難がボディブロウのように効いて苦しむスコラ主義を貫いたとき、多くを失った。メルロ　ポンティよりはるか以前に最終的に、感覚によって貫かれる者は、我々の知覚作用から切り離されるリアリティの客観的特質とは見做されないということが確立されたとき、実体と付体についてのアリストテレス主義教理は根本的に分解した。物理学における量子論は多くの新スコラ主義を、実体概念は物質のリアリティに適用されない、あるいは最大でも全宇宙は一つの偉大な実体として見做されるということを現実化した。実体概念は次第に人格的存在のためにとっておかれるようになった。

しかしではどのようにユーカリスト中のパンとワインの実体は解釈されるべきなのか？積極的自然科学の結論は実体についての哲学概念、また神学の上に明白な反響をとどめた。ユーカリストの伝統的理解に対する積極的科学の影響についての本や論述が数え切れないほど、二つの大戦の間に出た。幾人かの神学者たちは、ある種の「教義的物理学」構築を試みたが次第に実体変化はこれら物理学や化学的構造とは関係を持たないことが現実化してきた。一般的見解は、パンとワインの変化は物理的ではなく、形而上学的であり、「物理的」アプローチは依って原則的に廃止された。しかしながら当初は自然哲学思想は存在論的アプローチに影響を与え続けた、ここでもまた近代物理学は間接的に新たな道を示したのではあるが。何故ならこの新科学の発見を実体変化概念につなげようと試みた神学者たちは、見込み無しの結論に達し、また彼らの出発点は、存在論的変化は物理的リアリティをそのままにしておくことはできないというものであったので、彼ら自身は自然哲学用語におけるユーカリスト理解は保ち得ずとの見解の大半に貢献した。

(b)　秘跡的象徴活動の再発見

①印としての秘跡

神学者たちはその思想の方向性を第二次大戦後全く変え始めた。「物理的」解釈と存在論的それとの間の議論は再び燃え上がった、特にイタリアでは1949年から60年にかけて。しかし実際は異なった疑問が既に多くの神学者たちの間に持ち上がっていた――ユーカリストの形而上学的接近と秘跡性との間の関係である。ユーカリストへの接近傾向は存在論的かつ自然哲学の道筋ではなく、当時人間学論的なものが著しく優勢であった。回顧的に見れば、実体についての新スコラ主義論のいくつかは、しばしば非常に奇怪だったのでそれらは全くうっかりアプローチの変化に寄与した。強調点は戦後神学においては、秘跡は第一かつ最主要に象徴的行為あるいは印としての活動である事実に与えられた――〃サクラメントゥム　エスト　イン・ゲネレ　シグニ〃――何故ならば歴史の視野におけるより良い理解は、秘跡及び神秘、またこの概念のスコラ主義的努力についての聖書的かつ教父的概念への視線をもって到達していたのだから。

反宗教改革の再活動を、トリエント後の神学者たちは秘跡の救済起因に、また恩恵の「道具」としてのそれらの機能に置き過ぎた。印としての秘跡の価値――プロテスタント、カトリック両方から受け入れられ、故に対立事項ではない――はこの方法において背景へと押しやられ、長期にわたって秘跡は物理的リアリティとはかかわらないが秘跡的リアリティとはかかわるという事実はほとんど忘れ去られた。これは特にイン　ゲネレ　シグニにおける存在と同じほどに、つまりは秘跡的象徴活動の空間外には無いユーカリストについての事実である。しかしそれはいずれにしろ、この特殊な性格がもはや外側に、言うならば秘跡性そのものの背後には見出せないということに向かっての大きなステップとなった。また1946年初頭でさえボナベントゥラのユーカリスト論に歴史的光をあてた、Y・ドゥ・モンシュールの論文の中に「ユーカリスト的印」の再認が見出された――トマスの扱いよりも印としてのユーカリストの詳細にさらに徹底していた――、トマス同様ボナベントゥラもいまだ自然哲学の枠内で思考していたのではあったが。新たな秘跡解釈はかくして、そこにおいてはユーカリストのリアリティは究極的に秘跡性の領域以外のところに見出される「物理的」アプローチと鋭い対照を示した。結論としてはこれは秘跡性の一要素としてみせかける意図を以って、ユーカリストの非リアリティを見出そうとするものであった。これに対して私はトマスと共に言いたい、「信仰の名において信仰と何のかかわりも持たないいかなる理論を好むにしろ否にしろ、語ることは非常に有害だ」と。

次いで「物理的」アプローチに反対する者は避け難く次の問いに直面する、「どのようにして印としてのユーカリストの性格は固く保たれ得るか？　また教会の中に生き続けるユーカリストは極めて特別に現臨であり、実体変化を含んでいるという聖書的根拠は？」との問いに。実体変化、すなわち際立ったユーカリスト的存在の土台を秘跡的レヴェルの外側に据えることは神学的に公正ではない。それは印そのものの中に、この(ユーカリスト的)印の下に据えられねばならず、トリエント教義において認識された実体変化のリアリズムもまた保持されねばならない。実体変化のこの形而上学的解釈は自然哲学の範疇から切断されねばならない、その中に含まれる根本的リアリティは秘跡的象徴的活動のレヴェルにおいては明白になるではあろうが——印の中に現われるリアリティとして。

②一般における宗教的象徴活動についての新たな人間学的解釈

近代の現象学は印の認識論をではなく、二元論的ではない人間観を基礎にした象徴的行為についての人類学論を発展させてきた。この人類学的概念によれば、人間は第一にひとつの閉じられた内部性、そして後、次にあたかも身体性を通して世に受肉するようなものではない。人間的身体は、分離し難く人間の主体性と結びついているものであり、人間のエゴは本質的に世界の事柄と結びついている。もし彼が自分自身の外でリアリティと、特に他者と繋がるのならば、人間は自分自身の人格に対して存在するだけである。人間は自らを仲間に開示することによってのみ、身体における自己啓発を通して世に存在し得る。それはそれ自身を外側へ、つまり人間生の内面が全く一人格となり得る世界へ向けることによってのみなのである。それは人が自らを表わし、見て、知覚して公になる彼の身体においてである。この意味で我々は言うかもしれない——二重の含みを以ってではなく——人間の身体はその後ろに据えられた魂に帰するものではない、霊の印ではないと。逆にこの内面性そのものが可視化するのだ。かくして人間の内面性は同時に現われもし、隠れもする。しかしこのことは表現する身体的様態の背後に隠れてしまうことを意味するものではない。それはまた覆われたあり様において、身体において現われるのである。この方法を重んじて象徴的活動は非常に異なった光の下で見られるようになった。そのような印は常に不在の何ものかに関連している。しかし人の身体性はその表現のありようを伴って霊の可視的存在である、この発覚は不十分ではあるかもしれないけれども。

もし印にかかわるものが実際に存在するのなら、それは決して印そのものの徳によってではあり得ない。

しかしながら霊はそれ自身を身体性の中に現す。故にリアリティそのものは直接に人間の象徴行為の中に表現される。これは象徴されるかもしれないが現実には存在しない異なったリアリティを指し示す印からと、推論する必要は無いのである。

依って「象徴的意味」の一節はもはや人間の象徴活動が力強いリアリティを表わすのに不適切ではない。それはその表現形態、行動様式その他において人間内部性の現臨である、それはこれらの形態と十分に一致しはしないとしても。そこでこれらの人類学的見地に立って、秘跡は「物」の物質的領域からは切断され、人格的領域を採用する。それらは信者とキリストとの人格交流の出会いなのである。

(c)　実体についてのトリエント概念

実体変化の新たな新スコラ学研究は何も生まなかったので、企ては特に最後の十年間に為された――秘跡が働くリアルな領域の再発見の影響の下――全く新しい現象学的方法における「ユーカリスト的存在にアプローチするために（これは後に詳述）。結果的に幾人かの神学者たちは新しく「世界についての新理解」の光の下で答えようと試みた。直接的にはトリエント会議は「パンの実体」によって何を意味したのかというような問いに対して。Eグートベンゲルは、トリエントの神父たちはコンスタンツ会議に対する彼らの声明の見解において、アリストテレス主義概念での教義の表現を欲し、そしてこれらを「信仰の先行」としていくらかの進展の奉献をしたのだとして、これを既定の結論であるとみなした。他方G・ギセンスは、トリエントの神父たちは自分たちを完全に実体についてのアリストテレス概念から切り離したと主張した。

ところがカール・ラーナーは、ユーカリスト的存在の存在論的解釈は教義の結論中には含まれていないが、その目指すところは理論的用語において聖書が語ったと同じことを様々な言葉でではあるが明示していると主張した。私がトリエント会議決議集を新たに研究した結論としては、本著の第一章において示した事へと至ったが、それはグートベンゲルとギセンスの相互に対照的な論文は、教会教父たちの言説の真の解釈には則っていないというものである。教義はアリストテレス的範疇で考え出され表現されたが、厳密にはこれらの範疇のアリストテレス的内容は、教義が言おうとしたことの中には含まれていない。故にユーカリスト中の現臨は、思考のアリストテレス的範疇には結びついていないのである。何故なら一方ではこれらの概念は近代実存思考からは全く遠くで成立していたのであり、また他方、多くの神学者たちはいまだアリストテレス的自然哲学を以って親しく教義と連結し続けており、不安は実体変化の概念について感じられるところまで来たのである。この不安は増大するプロテスタントとのエキュメニカルな接触によって激しくなった。教義そのものを守るためには教義的論拠を再解釈することが必要であった。

(d)　一つなるキリスト「現臨」の多種多様な現実化

教義の再解釈へ起こってきた四番目の因子は、キリスト「現臨」はユーカリストにおける彼の存在に限定すべきではないという事柄への新洞察であった。ユーカリストにおけるキリストの存在と現臨との同定はドゥンス・スコトゥスの時代へと戻るだけだ。聖書的かつ典礼の源へと戻る実践は一つのキリスト現臨についての多数の効力についての広範な「信仰の神秘」と典礼規則における（c・I・n・7）公的認識へと導いた。キリストは――実際彼の力の活動だけでなくキリストご自身の人格、つまり存在は常に人格的なので――御言葉の奉仕かつ信者の典礼集会に現に存在される。彼はまた恩恵の内にある誰にも現に存在される。彼は秘跡に現に存在し、遂にはまたユーカリストにおいて現に存在される。これら各々の場合においてキリスト現臨の際立った密度がある。各場合においてこの存在の独特の性質は別々に決定されねばならない。キリストの特別なユーカリスト存在に対する新たなアプローチにおいては、一つの試みはとりわけこの存在を信者と全信者共同体におけるキリスト現臨の領域に据えるものである。この方法においては、初代キリスト者の見方は完全な広がりにおいて回復され得る――特殊なユーカリスト存在は信者各個人と全信者共同体の中にキリストのさらに親しみある存在をもたらす。ユーカリスト存在はかくしてもはや孤立化しない。我々はもはや、彼が存在する人間に向かって問うこと無しに「キリストがそこにおられる」とは言わない。実際そこにある存在（being）と人格的な意味での存在（presence）であるが故に、相互人格的あるいは交換的存在との間の差異はP・シェーネンベルクによって定義されてきた。この方向付けはまた我々にトリエント教義の現実的意味に近づくことをもたらす。つまりユーカリストは消費されるために設定されており、つまりは秘跡の食物の聖なる媒体を通してキリストは我らの心の内により親しく住まい、キリストの周りに結束して集められた信者の生ける共同体はより近くへと共に連れて来られるのである。

(e)　キリスト者一致への願い

第二次大戦以来、非カトリックの共同体をも教会として認識する考えがカトリック周辺で優位になってきて、この見解は第IIバチカン公会議で確かめられた。これは特にキリスト教が一つのキリストの教会にあって分裂している状態の異常さの痛みを増し加えてきたのである。しかしこれは同時にカトリック神学者たちにとっては自分たちの教会以外の経験もまた神学根拠を提供する神学の場であるとの含みを抱かせた。ユーカリストについてのプロテスタント経験は故にカトリック神学者たちによって熟考のうちに取り入れられねばならない。真にカトリック信仰教義の解釈が全く意味あるものだということはプロテスタントとの対話の内にだけある。全キリスト者は互いから学びあわねばならない――ひとつのキリスト者共同体を先見的に他だと除外することはもはやできない。プロテスタント神学者たちもまた第二次大戦後、ユーカリストの新解釈を彼ら自身の伝統の再解釈として探求していたのは衝撃的事実である。

カルヴァンとルターは特にユーカリストの祝いと結びつく明白なリアリズムを称揚していたが、プロテスタントの伝統は後には強くツヴィングリのむしろ霊的な見解に影響されていた。レーンハルトとチュリアンは特にこの見解に抗して反応していた。二人の神学者はプロテスタントを信奉しておりエキュメニズムに対して開かれていたが非アリストテレス主義的解釈を施していた、彼らがそれでもなおリアルな実体変化と呼ぶものについて。カトリックの解釈者たちは、彼らの釈義でかなりの道のりを行けた、ある本質的なポイントには批判的であったものの。この方法でユーカリストについてのエキュメニカルな対話はさらに現実となった。プロテスタントがカトリック的彷徨に移動してきたからというだけでなく（さもなくば対話は一面的であったろう）同時にカトリック神学者たちも、このプロテスタントの接近に対して理解し、心を寄せたので。プロテスタントのアプローチは自然についてのアリストテレス哲学に染まっておらず、カトリック神学における戦後の伸展と調和していたので、これらプロテスタントの刺激（そして反抗）は確かに、ユーカリストについてのカトリック神学が自然哲学に基づいた伝統的アプローチが二度の大戦の間に入り込んでしまった袋小路から抜け出るのに役立った。もし私が、カトリック神学のユーカリストへの新しい接近へと刺激した全因子に言及していなかったなら、少なくとも五つの重要ポイントを記そう。

(2)　ユーカリスト現存(the Eucharistic Presence)解釈に向けての新たな出発点

カトリック神学はそれがアリストテレス自然哲学を揺さぶったとき、ユーカリストについての問いに近づくのにすぐに人類学的道筋をたどって押し進めようとはしなかった。変換期があり、そこにおいては我々が単純に「形而上学的」解釈と呼ぶものが自然哲学のなかみなしに覆っていた。この動きは「本体」（ヌーメノン）と現象（フェノメノン）――つまり現実そのものとそこにおいてそれが出現する形との間の違いにおける問題への解決を探った。この方法においてはもう一度より古いトマス的見解の本質が呼び起こされた。形而上学的相と秘跡的相との間の一致はしかしながらここではいまだ十分に明らかではなく、現象といわゆる本体的（物そのもの的）との間の関係は、相寄って分析はされなかった。しかしながらそこにおいて、これらの神学者たちが動いた方向性は良好な期待を提供すると思われた。私がフランスで1945年から46年にかけて研究していたとき、実体変化は学生の間で活発な議論対象であった。教義学教授は当時よくやった人ではあったが、非常に心の広い人ではあり、学生たちがもはや教授の実体変化についてのトマス主義的教義に一場を見出せないことを（それ自身は後トリエント神学に抗しての反応であった）見守って彼らの自由意見に任せた。

当時でさえ「機能変化 transfunctionalisation」のような語、そして「最終変化 transfinalisation」の語さえこれらの議論では聞かれた――パンの物理的現実がと言うのではなく、実体的に変わるであろう機能と意味という思想。これらの議論はまだ近代の現象学とは結びついては居らず、当時はカトリック神学に影響を与えるのは困難になり始めていたが、近代物理学の結論とベルグソンの批判として、実体についてのアリストテレス概念とかかわって体験された困難により、刺激されたのである。物理的かつ純粋に存在論的解釈を施し、秘跡存在でのユーカリスト存在のリアリティを据えようとする最初の神学者は、まちがいなくJ・ドゥ・バキオッチであった。彼は実体変化における存在論を受け入れたが、これを秘跡レヴェルに置いた。彼は実際、機能変化、最終変化、意味変化 transsignification の用語を用いた。物の究極的現実は、それらが我らの感覚にとって、あるいはこれに土台を置く化学分析ではなく、それらがキリストにとって何であるかであった。キリストの主としての力は全てを彼にとってのものとする。故にもしキリストが自らを神の善き賜物であるパンとワインにおいて与えるなら、次いで客観的根本的変化が、実体変化が起こり、パンとワインは彼自身についてのキリストのリアルな贈り物の印になる。ドゥ・バキオッチはここで現象世界の背後にある実体概念に抗して反応していた。「パンとワインの贈り物はキリストによって彼の身体と血の贈り物へと変えられた、そしてこれはパンのリアリティを変える」。これはカトリック神学者による初めての試みであった。「リアリズム」（実体変化）と「最深の意味における秘跡的象徴主義」との統合への。

これらの見解を以って自然についてのアリストテレス哲学に基づく解釈は完全に宙吊りとなり、人類学的アプローチが既に承認されたと思われた。しかしながらこの解釈は

1950年後までは機能しなかった。この年は勅書「フマーニ ゲネリス」が出された年であり、これはある神学者たちの、実体変化は実体についての時代遅れの哲学概念に基づいているとの意見を非難したのだ。そこではキリスト現臨は一種の象徴主義へと割引されてしまい、奉献されたホストが、キリストの霊的存在及び彼の神秘的体とそのメンバーとの親しい交わりの、単なる効果的しるしになってしまうと。しかし私は1950年に先立つカトリック神学において、ユーカリストの純粋に象徴的な解釈を見出すことは、決してできなかった。ローマの批評はおそらく誤認に基づくものであろう。原初的源に戻って当ることを好む「ヌーベル テオロジー」の神学者たちと共に、アンリ・ドゥ・リュバックは初期スコラ主義と高中世の神学者たちは両者共にキリストのユーカリスト的交わり（物と秘跡）を強調したのではなく、キリストとのユーカリスト的交わりの土台に立って、信者たちとの一致を強調したのだと示した。トマス アクィナスもまた、この神秘の救済力は究極的に信者共同体そのものにおけるキリストの現臨に設定されるとはっきり要求した。この論拠の再発見は実際、新解釈を支えた。実情がどうであれ、デ・バキオッチは根本的に如何なる純粋な象徴的解釈にも反対した。印としての秘跡を再発見した戦後カトリック神学者たちは、決して再びデ・バキオッチによって最初に辿られた道筋を去ることは無かった。

リアリズムと秘跡性の間の統合――すなわち九世紀以来神学者たちが両者間につりあいを見出そうと試みてきた二つの極を。

ベルギーではA・ヴァネステが明らかにデ・バキオッチ及びレーンハルトの「スシ エ モン コル」("*Ceci est mon corps*"これは私の身体である）に影響を受け、理解できる実体変化を編み出そうとした。しかしながら哲学、宇宙論、あるいは現象学にも訴えることなく。彼の出発点は「創造」であり、ものごとの究極的な意味は神から来るというものであった。彼は区別立てをした。実体と付体、あるいは本体と現象の間にではなく、神（と信徒）のためになることと、我々の人間としての世俗的経験であることとの間に。人間は物に、それらの究極的意味を与えない。もし神がこのパンに異なった用途を与えるなら、それは形而上学的に異なったものになる。つまり「哲学的にもパンはもはやパンではない」。

ドイツでは実体変化への新アプローチは1959年10月7日から10日、パッサウでのユーカリストについてのシンポジウムで大いに探求された。刊行された講義と議論の中では、L・シェフツィクとB・ヴェルテによって読まれた論文が特に代表的なものであった。シェフツィクはその出発点を救済に対して霊的同様、物質的リアリティに結び付けられている創造における聖書的確信に置いた。最も深いところで物の存在は印そして霊的かつ神的リアリティのシンボルであることを主張しつつ。このことは特に人間との結びつきにおいて試験され人間イエス、神の子に対する最も深みにおいて、ユーカリストにおける実体が十分に印であるようにと適用される。彼はその用語を使わなかったがバキオッチ同様シェフツィクはリアルな実体変化は最終変化である意味変化に違いないと述べた。J・ヴェルテはさらに十分な分析を施した。彼の立場は人格的霊的関係性は身体的物質的のそれよりも、よりリアルだというものであった。故に彼はユーカリストのパンとワインをそれらの関係性の光の下で眺めた。存在、真実なるもの、そして善なるもの（意味を持つもの）は純正にトマス見解から見て互換性がある。それら自身の存在においては、ものごとは誰かのために（神、人）意味を、リアリティそのものに属する独特な意味を持っており、それゆえにこの「何かに対して意味を持つ」ことなしに、あるものはそれ自身ではない。この超越的「何かに対して意味を持つこと」は特に具体的な形において成る。科学的物質は滋養物かもしれないがまた燃料でもあろう。もしこの関係性が変わるなら物の存在そのものは変わる。

ギリシア神殿はその建築者にとって、そこでの礼拝者にとって、現代の観光者にとって異なる。人間それ自身は本質的にこの関係性の中に巻き込まれるがしかし、完全にはそれに依存してはいない——物の存在そのものは関係性が変わるときには変化する。よって次のように言える、「神殿が『歴史的実体変化』を経た」と。また人間によって「育てられた」関係性もある。その場合、何が現実にかかわる存在であるかは権威的に決定される。色彩のある布は純粋に装飾的であるが、もし政府が国旗として掲げることを決定したら、その布は現実的にまた客観的に同じものではない。物理的には何も変わらない、しかしその存在は本質的に変わったのである。実際この類の新たな意味は、物理的科学的変化よりも、より現実であり、より深い。

ユーカリストの場合においても、いかなる人間によらず、神の子によって新しい意味がパンとワインに与えられる。何故ならそれは、神の子によって起こった関係性は神聖であるから、絶対的な意味において拘束力があり、信徒のためにユーカリストの存在を決定する。信じない者は誰でも結果的にこの方法において見ず、彼自身を客観的に存在する現実の外に置く――彼は存在の秩序の外に居る。ヴェルテはこの考えを作動する仮説として押し進めた。彼はいずれにしろ実体変化の近代解釈の詳細へと努める第一人者であった――物理的変化よりも客観的、しかし所与の意味のレヴェルにおいて存在それ自身の変化。

1960年オランダでJ・メレーは存在論的土台を見ること無しに実在的かつ現象学的解釈を押し進めた。そこではキリストの「贈り物における自ら贈与」の現実は初めての入念な現象学的分析であった。これらの分析は十分に特定のユーカリスト的文脈にピッタリと結びついてはいなかったが、にもかかわらず神学者たちによる注意深い熟考として価値あるものではあった。1964〜5年はユーカリストにおけるキリスト現臨の解釈において新規なものの始まりであった。これによって私はとりわけ、いろいろな国々ですすめられた新しいアイデアはこのときであったと言いたい。特に1950年の『フマニ ゲネリス』出版後の10年間には全体としての教会において広く知られるようになった。カトリック界に対して種々の神学者たちが見解を示した。特にイギリス、オランダであり、ややアカデミックではないが新たな陰影の意味を以って。イギリスではチャールズ デイヴィスが注意深く新しい人間論的解釈を提示した、それはデ・バキオッチと調和するものだった。自然哲学と人類学的思考の範疇から離れる一般的傾向と結びついて、彼は議論を恩恵と秘跡的生活を対抗の上にではなく、対人関係の範疇に置いた。デイヴィスはもっと直裁にユーカリスト存在の特別な個性を定義しようとしたのだ。彼の意見によれば、人格的用語で解釈されるべきもので――つまりキリストと信者間の対人関係の範疇内に――そしてこの光の下ですなわち、「現臨」はユーカリスト的パンとワインにおいてそれ自身の内に（もちろんこの人格は出会いを指示した）と決定した。それは何か相互的存在にならねばならないのか、何が実際としてこの相互的存在を可能にするのかについての第一ステージであった。スコラ的用語で表現され、それは物と秘跡であり、「ただ、物だけ」が成就である現臨の第一ステージなのである。よって対象物との同一性があり活動との同定ではない、これは確かに帯びるのではあるが。それは実体的同一性であり、よって「実体的存在」であり、ここでの「実体」は存在のありようの方法を意味する。それは対象と同一の源を持つのである。この対象、ユーカリスト的パンはキリストである。

「象徴的なものとしてそれは、それが布告するリアリティを形成する」。対象物のリアリティそのものは変化の下を行き、それゆえに「共実体変化」ではなく、リアルな実体変化がある。しかしながらアイデンテティは完全でない。視覚的経験的には何も変わってはいないし、我らが知覚するものはまやかしではない。もしリアリティが経験的に変化するのなら秘跡性についての問いはあり得ないであろう。しかしながらデイヴィスはこれを実体と付体についてのアリストテレス主義二つの概念を用いて説明する。彼によれば変化は非経験的に物理的レヴェルにおいて設定され、キリストとの人格的秘跡的出会いからは切断され、よって彼は、変化はパンが「人間対象」として持つリアリティにかかわるのだと提示する。人間にとって意味とリアリティを持つだけの対象があり、それらは人間によって人間の必要、計画、自己表現、他との交わりの必要のためにつくられたようなものがある。これらは「外面的な」リアリティを留めるが（この意味においてはパンとしての『存在論的』リアリティ）、それらはもはや「自然の物」ではない。かくして我々がパンと呼ぶ個体は人間への関係性なくしては難解なものとなる――それはただいろいろな構成要素から成るかたまりである。この（かたまり化）に対して（実体化）は新たな人間の一致を、人間に対しての新たな意味あるいは関係性を与える。

パンの現実的存在論的意味、それはパンそのものがかくして根本的に変わる――人間に対してそれはもはやパンとしては説明されない。結合の新しい形式は人間に新しい関係性をもたらす。物理的に何も変わらずとも。要素は全てのパンがそうするように身体を養うのである。新しい対象が存在の中に来る――キリストのリアリティを形として構成する要素（実体があたかもそこにあるように）が他の要素を伴う秘跡。他はキリストのこの新たなリアリティに従属するのであって、リアリティの印《しるし》、それによって我らにアクセス可能とする媒体なのだ。「新しい対象物」はかくしてキリストの身体と血の秘跡なのである。デイヴィスはユーカリストにおけるキリスト存在の論拠は、キリストは我々がかかわる限り、ユーカリストの外側にはいないということを意味しないと強調する。キリストは恩寵の生活においてさらにもっと親しいやり方で我らに接近するのである。ユーカリスト中のキリスト現臨はよってキリストと我らの間に場所を閉める相互出会いの中にその成就を見出すのだ。デイヴィスの見解はこのように存在論的「最終変化」(Transfinalisation) かつ「意味変化」(Transsignification) とまとめられる、実際は彼がこれらの用語を使わないとしても。実体変化教義の基本的意味はデイヴィスによって保証されるが、しかしアリストテレス主義用語法は無しにである。

オランダでは神学者ショーネンベルクとL・シュミットがむしろ異なった方向性を採り、彼らは実体変化を「意味変化」あるいは「最終変化」と同価値として特徴づけることを好む。ショーネンベルクはとりわけ空間的存在に対して人格的存在は人格的交わりと等しく、これによってそれがもたらされると強調する。それは人格についての自己交流であり、この交わりにふさわしい受領なのである――つまり一つの人格が他のための自己である相互の自己交流なのである。これは空間的存在において反映されており――それは常に他者に影響を及ぼす活動を含む。人格的存在は肉体的に「仲介される」。それは印のうちに視覚的に現実化される。それは自由な自己露呈であり、身体性における霊的開示である。かくして「人間的身体あるいは物の物質的活動は新領域を獲得する――それは人格の「印」となる――

全ては知られ、あるいは知覚は啓示と信仰の印となり、人間共同体の活ける印、人格存在の表明そして起因となる。この解釈は当然、人格的存在には異なった段階があることを強調する。人格的存在の二つの基礎形態は「提供されるだけ」の存在と贈り物として「受け取られもする」存在である。唯一の完成した人格的存在は与えられかつ受け取られるものである。与えられるだけでいまだ受け取られていないものは二番目の存在であって、それは一番目のものへ、その目的の成就として方向づけられる。また人間身体の「仲介」によって直接的にもたらされないがしかし、さらに異種の物質的事柄によって、手紙や土産や贈り物の仲介による人格的存在もある。しかしながらこの文脈では、これらのものは印となる。「それらは新しく深い存在、印としての存在を持ち、人格的存在を送り届ける。それはほとんど、それらは実体変化と呼び得る」。

私が幾つかの要点をまとめただけのショーネンベルクの分析は近代の実存主義的思考には一般的に受け容れ可能とみなされるかもしれない。人間と世界についての当代的イメージは近代神学においては広く言えば十三世紀後半の神学における人間と世界についてのアリストテレス主義的イメージ同様、当然のことと思われるとまったく言い得る。人間と世界についてのこの新しい理解はより主題化しない方法において、たとえばシャルル・デイヴィスやルケシウス・シュミットのそれらを含むトリエント教義を再解釈するための全ての試みへの背景を形作る。この論拠を我らの間の神の人格的存在同様、人間イエスへ適用した後に、ショーネンベルクはユーカリスト存在の分析に入って行く。彼はまさしく、ユーカリストを祝う共同体におけるキリスト存在を前提する、つまり「ユーカリストは現臨を以って始まる。そしてその目的は、この存在をさらに親しくするためだ」。実際この文脈を否定する者は必ず実体変化を誤解し、過剰に「客観的なもの」にする。ユーカリストのパンの印だけが捧げ物として存在を示し、主から、集合体において放射する。ユーカリストにとって特徴である「現臨」はかくして人格的存在の範疇に閉じ込められる。「それは人格的交流である——ホスティアは主（彼の共同体における）と、私（同じ教会における）との間を仲介する。私はひざまづく、ホスティアの中に凝集されたようなキリストの前にではなく、ご自身のリアリティ、身体をホスティアを通して捧げる主ご自身の前に」。

ホスティアはキリストのご自身の贈り物であり、キリスト存在は贈り物において与え手自身であると、メーラー同様、後にシュミットは論じた。ここでの贈り物は食物であり飲み物であるが、しかしこれらは普通の贈り物ではなく、イエスからキリストからであり、それらは故にごまかしではなく、変更不可能的にキリストご自身の純正な贈り物なのである。それはもちろんキリストはまた他の秘跡において最も至高の方法によって現実化される――パンとワインは十分に印《しるし》となる。「ユーカリストにおいて起ることは印の変化なのである」。実体変化は最終変化、あるいは意味変化であるが、キリストのみが深みにおいて達するのだ。ご自身の最もリアルな贈り物において。パンとワインは（聖別の言葉と共に）キリストご自身の最も深い贈与を現実化する印となる。ショーネンベルクは結論付ける、「我等のうちのより古き人々は正しくも彼らの信仰を、偉大な宝として、二形色のもとにあるキリスト存在にあるとみなす。この宝は彼らから取り去られない――二形色のもとにあるキリスト存在は限りなく共同体における、その存在の中に据えられる」と。

Ｌ・シュミットの議論を以下のように分離して論じるのは全く不必要だ。ショーネンベルクのそれと同じの基本的方向性、意味の微妙な違いの影というように。彼は我らの文明の中でそれを明白にするような例を見出すことには不安であった、「晩餐」は飲食そのものが背景に押しやられる儀式へと傾きがちだということで。しかしながらここでは彼のリアルな意図は理解されなかった。特にオランダ以外では不公平にも一種の「ユーカリスト的訪れの神学」を前面に押し出したと見做されて。しかし彼自身は暗示する例として、お茶とビスケットが供されるようなこの訪れを意図しただけであった。彼の中心思想もパンとワインの贈り物における、キリストご自身の贈与の特殊性であったのだ。

(3)「現臨」のユーカリスト的作法

ユーカリストにおいて非常に示唆的と思われる確かな文脈はショーネンベルクとデイヴィスによって叙述された。私はこれをよく知られ主要であるとして、今は特定の問題を考慮するだけにしたい。

(a)　聖書の前提

私は釈義の専門化ではないので、ルター派釈義家ウィリー・マルクスセン（Willi Marxsen, 1919~1993）によって押し進められたユーカリストの聖書テキストの解釈に完全同意することに魅かれてはならないと思っている。しかしながら彼の分析中に含まれている幾つかの点を強調することによって注意を喚起したい。その場合、マルクスセンの著作（1963～4年）以前に出た（1963年）B・ファン・イェルセルの研究にも注意を払うべきであるし、イェルセルは実際マルクスセンの研究に対して補足的なのである。

パウロの伝承はマルコのそれよりも古いと主張する議論が受け入れられるならば、原始教会における「イエスと共なる祝いの食事」の解釈の発展はキリストの神秘への発展的浸透のそれと並行していたということが明らかである。もともと強調は、この食事の解釈にではなく、それを祝い経験するところにある。この食事を祝う際には、初代キリスト者たちは復活におけるキリストとして明白に知るようになっていたイエスとの人格的関係に立った終末論的共同体である教会の経験を持っていた。イエスとのこの人格的関係性は――具体的には卓でのキリストとの共同体において、次にはキリスト論的であり、故に終末的関係性として――活けるキリストの前に置かれた存在として表出する。原始教会は終末論的共同体、新しい契約の民としての存在経験を持ち、イエスがまだ地上におられたときに起こったままの友愛の食事を祝いつつ、神の国途上の道に立っていたのだ。この分かち合いのキリスト者の食事の深い意味は、会食の始めのパン、その終わりのワインについて語られた言葉によって指し示された。このキリストにある共同体は神の国に向かっての関係性を目指していた。キリスト者の交わりにおいて信仰にあって経験されるキリストとの人格的関係は明白にパンとワインについて表白される典礼用語を指し示していた。それらは人格的関係とは何かを表現していた――卓に着く共同体――イエスと共にを原始教会に対して意味し、主の出立以後も意味し続ける。イエスは死んだ、しかしこの従者たちは主の存続する生命と彼らの中にあって活動する存在を見る経験をした――何故なら信者は「我らの罪の故の」キリストの死と復活の徳によってひとつの共同体を形成したのだから。

この最初期の解釈はさらに、そこにおいてはキリストが終末共同体と一つになるというマルコの伝承によって推敲され、主と一つになった共同体によって摂取される食物と飲み物とに明白に結びついた。卓でキリストと共なる共同体の意味はここではパンとワインについて宣される言葉において、パンとワインを分かち合う際においてのみ保護された。共同体でのキリストの現臨は祭式的に、パンとワインの形式下でのキリストの現臨において集中した。これは新約そのものの内での合法な成り行きであったが一面を危うくした。何故なら信者共同体の終末論的経験は、卓で彼と共にある共同体において存在されるイエスとの特別な関係性は隠して背後に追いやられてしまうという面である。新約においてさえ、強調はキリストにある恵みの教会共同体（秘跡的事柄）からパンとワインの二形色（物と秘跡）

のもとにあるユーカリストでのキリスト現臨へと移った。終末論的解き明かしは今や続行する歴史の最も深い意味を効果的にあらわした祭儀的出来事において経験された。原始教会におけるこの発展的解釈は聖霊の保持と説き明かしによって守られた—これはかくして以下のことを示す。教会の続行する生命の下、ユーカリストのキリスト存在は、主と共にある終末論的人格的共同体に従属する。そのキリストは真に死んだがしかし神の救済行為として、彼の共同体に対して効果的であるべく、復活の基礎にたって存続される方なのだ。すなわちそれは究極的に生ける主との終末論的人格的絆についての問いであり、ユーカリストの祝いは効力ある印《しるし》としてこれを期待した。キリストの身体は実際、この食事において現実に経験された。

この初期キリスト者のように我らもまたこのリアリティを、現代の具体的文脈の内に経験せねばならない。常時存在せしめ、今ここで再解釈することによって、初代キリスト者が生けるキリストとの接触において経験したことに新しい生命を与えることによって。過去はまた今や我らを呼び出す、栄化されたキリストが我らにさし向ける言葉であり、彼の状況はその死、復活、また聖霊の送りによって特徴づけられる。それは我らをキリスト者の食事に参加することによる兄弟愛の共同体を実現することへの呼び出しである。生けるキリストは自ら卓において共同体と一体化する。主ご自身が食事に供される食物と飲み物となり、我らはこの交わりにおいて死からの贖いと父による力への高揚によって生きることができる。これはキリスト者生活にとって十分なものである。このことが私にはオランダ人枢機卿たちによる宣言、すなわち神学者たちに向けてのさらなる解釈から離れて、ユーカリストについて書いた牧会的手紙において書かれたものの意味であると思われる。これはためらいつつも尊ぶ接近を原初の新約論拠だけにでなく、聖霊の保証のもとにある後の教会の論拠の骨折りにも求めるものだ。使徒たちの証言は故に、この点我らの指導原則であるべきであり、直接的に現象学ではない。しかしこの使徒証言の基本的意味は、もしそれが我らの今日の生活状況から見られ、現象学的に接近されるのなら、我らのために純粋な状態において保護される。この視野において次には、私は幾つかの新たな補足的資料を押し立てたい。私の意見ではそれらが、もしカトリックの信仰告白の不可侵の原初的論拠あるいは教会の伝承に対して忠実な方法において再解釈されるべきであるならば、必要なのである。

(b)　基本原則——リアリティは人間の手の業ではない

全人が意味を与えることとの基本——ユーカリストでは「主の死は宣言される」（Ⅰコリント11・26「だから、あなたがたは、このパンを食べこの杯を飲むごとに、主が来られるときまで、主の死を告げ知らせるのです。」）。この文脈はユーカリストの神秘を誤って伝えることとなく、如何なる存在論的または現象学的接近においても概視することはできない。キリストはユーカリストにおいて主として居られる——すなわち我らのために死において自らを与え、神によって我らに生命をもたらした方として。

主との我らの人格的関係はまた本質的に想起であり、十字架上での救いの歴史的できごとを心に呼び起こす。過去だったという限りでなく、その成就において永遠に持ちこたえるものとして。しかしながら永遠とは歴史の背後に据えられず、歴史において完成され、究極的完全は歴史の終焉であり、歴史の背後に去って行くのではなく、この歴史そのものの上に終わりの価値を授ける。つまりその完成に与るのである。これが甦ったキリストに対する我らの関係が、歴史的イエスとの関係性と同一である理由である。

ユーカリスト的文脈の故に「現臨」は孤立してはあり得ない。「とって食べよ、これは私の身体である」との語からそれは明らかであり、すなわち食事はサクラメントに組成されたのであって、単に食物と飲み物、パンとワインなのではない、この形色はサクラメントの内的相ではあるが。十字架にかかり、死に、甦った主は食事において現臨となる。彼は自ら死と復活を食事として与え、それが故に同時に想起、思い出すことになるのだ。

ではこの文脈内において「現臨」の独自のユーカリスト的意味とは何か？　幾人かの近代神学者たちはユーカリストの出来事の背景と同様、まさしく創造を恩恵の契約の始まりと見做す。信者にとっては、物はそのものにおいて何であるかというだけでなく、それから人はこの世の生命において何を経験するかということである。彼にとってはそれらは存在そのものの基準とあいまって神性の啓示なのである。その身体性の故に立ち続け従う者として、この物質的世界の只中で人間は世界の中心であり、同時にその中で神の啓示を見出す一つの応答としての従者であると受け取られ解釈される。さらにはこの啓示の受領と解釈へのこの答えは、物がそれ自身であるものを通して、かつその中に場所を占める。創造はそのありのままにおいて神ご自身の完成に対して差し向けられない神の活動ではあるが、神の純粋かつ無償の交わりであり、被造物への愛である。具体的に言えば世の人間のための神の愛である。神の創造はかくして全ての物において神の人格的存在を確立し（そこでは人間のため――人間への神の贈り物）、特に人間と呼ばれる従属物に対しては、これらの贈り物は愛から出る。そこにあるところの物は、神の創造的意志を通じて、啓かれつつ隠されつつ、真に救う価値であり啓示である。形而上学的にも現実的にもそうであり、信者の心においてそうなのだ。信じない者にとっては、この存在の現実を悟ることはできず、少なくとも主題的ひっかかりとして終わる。

この意味において全世界は概して秘跡的重要性を持つと言える。この創造についてのキリスト者見解は、それ自らの意味を虚しい事柄とせず、最も深い意味においてそれを理解可能なものとする。信者にとっては世俗的現実を印《しるし》として持つ機能は、その具体的存在を深く伴う。このことは我らの人間的知識にとっては延滞的帰結を伴う。我らは意味を与えるべく、この世界に相対するが、それは人の手の業ではない。我らの世界同様、神によって与えられるのだ。人間、それはまこと、リアリティに、つまり理解可能なものとして明白に存在する真理に、伸長を与えるべく、何らかの光を投げかけようと、本質的な解釈的存在を導こうとする。しかし人間によって与えられる意味は（時系列にではなく形而上学的優位において）第一に神の、その次にだけ人間のリアリティによって支配される。これがリアリティがミステリーである理由であり、その形は閉じ、また封じして、そこにおいて神はご自身を啓示する。故に人格及び物の最も深い本質は常に我らを逃れる。

かくして意味を受け取り与える我らの知識は我らを回避し、常に我らの知識を超える神秘に関する知識の明白な中味である限りにおいてリアリティを捉え得るのである。我々は神の賜物として与えられるリアリティの中で生きている。我らはこのリアリティの中で異邦人として生きているが、しかし同時にそれを受け取るようにと招かれているが故に、神秘として贈り物としてはっきりと経験する。しかしそれは我々が生きることを許され、我らの健やかさを発見するこのリアリティにおいてなのである。見抜くのが非常に難しいこのリアリティは、そこにおいて我らが生き、我ら自身が生きもするのであるが、我らの生に意味を与える肥えた土でもある。よって我らの意識につながる特徴は本質的である。私は信者として全てこれらは神の贈与、人格的現臨に起因すると知っており、現臨はこの存在が創造的リアリティに投げかける影のもとで経験されるのである。我らの意識において明白である全ては故に、神秘に言及しつつ参照のみなのである。

我々は印《しるし》のもとでだけリアリティを知る。

かくして我らが感覚的にパンとワインとして経験するものは常に我らを逃れる現実の印であり、ユーカリストの文脈の外側でさえある。物に参入する全ては、かくして常に我らにとっての人格的関係性を封入する。神の人格的ありようは常に全ての事物において最も深い関係性である――それは我らを、自分たちが人間的意味を与えることへと招かれていることの神秘の内に置く。私にとって根本的意味は現実《リアリティ》そのものの贈り物であり、それは元来私のリアリティではない。しかし、にもかかわらず私にとっての意味を与えるため、私に与えられるのである。私にとってのこの根本的意味の故に、私はいろいろな意味を打ち立てることへと向かうことができる。それは私にとって具体的にそれら自身であるものを基礎として何を意味するかを決定するであろう。私はこの課題を気まぐれに果たすことはできない。何故なら、私は同様に私に対して与えられたリアリティに結び付けられているからである。しかしながら私に与えられた神秘の内に置かれて、私は私が積極的に変えて行く人間世界、人間的意味を確立する。しかしまたそれは私が変え得る世界の人間的意味に限る。何故ならその最も深い形而上学的意味は人間の理解と介入をはるかに超えているのだから。

私は今ややゆっくりとユーカリストにかかわるこの基本的思想を展開して行くことを提案する。これにおいて私は表層からより深みへ、決定的問いへと前進するだろう。実体変化と意味変化が一致するにしろ、否にしろ、最後には問われ、答えられるであろう。

(c)　意味の人間付与

生産的かつ象徴的な人間は自然の過程によって幾つかの自然的要素を改良することができる――たとえば彼はこの方法で小麦が含まれたものを、次いで技術的手段によってパンを作ることができる。ワインは同様に自然的かつ技術的過程を経た最終生産物である。この意味において次にはパンとワインは人間の耕作と技術の産物として、人間の益と使用のため目的に向けての人間活動の結果である。しかし人間によるこの目的付与はその先を行くことができる。パンとワインは既に身体生命を養うのに有益であり、人間の生殖においてはさらに機能を持つ。それらは象徴的意味を持つ――パンは生命の象徴、ワインは生命の喜びの象徴である。人間の農業の生産物は、故に異なったレヴェルで全ての従属する意味を持ち得る。テーブルで食を分かち合い飲み食いするとき、既にそれらにおいて生物学的に有益であり、人間の業のより高いレヴェルへと止揚し得る。それらは兄弟の連帯、人格を通しての親しみ、友情を印づける協定、同意の喜ばしい結末ともなる。何故なら人間とは実のところ人間化された世界を生きるのであって、彼はとりわけこの種の意味付与にかかわるのである――彼はそれらにおいて、かつそれらから、自らはつくり出せないが、彼に与えられているリアリティの神秘の枠内で生きる。飲食の生物学的効用はこのさらなる意味によって否定はされず、特別な人間的できごとの中に含まれるのであって、生物学的過程は同じであっても動物の飲食は本質的に人間のそれとは異なる。物は物理学的、あるいは生物学的に変化することなく本質的に異なるものとなり得る。対人関係においては、パンはたとえばそれが物理学者や形而上学者がそれに対して持つものとは完全に違った意味を獲得する。物理的にはそのものを留めつつパンは純粋に生物学的なものとからは全く異なる意味領域を含み得る。その場合、パンは異質である。何故ならば人間への限られた関係性は同時に議論の下にあるリアリティを明らかにするので。もちろん人間は実際継続的「意味変化」から生きている――彼は世界を人間化する。そしてそのような意味の変化は純粋な物理的変化よりももっと根本的であり、そしてより低レヴェル、すなわち感覚においてはより非現実的レヴェルなのである。意味を確立することは物理的意図よりも上なのである。主体すなわちパンと、客体、すなわち人間によって与えられた意味との間には本質的協力関係がある。世界が我々に与えられ、そして我々が自身に与えられることにおけるリアリティについての神秘の内で。意味変化は直接的には人間化された世界で完成され、この文脈においてそれは実体的変化なのである。なんと驚くべきことか、世界が「実体変化」という語を以ってこの現実を詩人たちに、また教会の詩的典礼に齎したと思われることは。たとえばゲーテは愛する者に宛てて「私にとってあなたは全ての対象物の中へと実体変化されている」と言った。つまり彼は彼女を日々彼を取り巻く全ての対象物の中で経験したと言うのである。植物、木、花、実は彼にとっては異なるものではあったのだが——人格的交わりの意味領域、愛する者の存在を現実化する印を経験したと。

この意味付与は人間のリアリティとの接触においてであって、幻ではない（幻ではあり得るけれども——人生においては「リアリティ」は限りなくバラエティがあるのだから）。リアリティの特殊な経験領域内では、物は経験のもう一つの領域に存在するであろうこととは異なる。しかしながら次のことが記憶されるべきである。その場合、それは世界への人間のかかわりについての問いであり、またリアリティの存在が与えられ、かつそれ自身の存在において人間への意味深さ（本質と善きものに変えられる）は残るということが。この予備的かつ基本的意味は人間が与える意味付与を可能にし、それを招き寄せる。限られた人間的論拠の独特のリアリティを叙述するのに、一つのレヴェルから他へジャンプしないことが重要なのである。これら一般的論評の土台に立ってユーカリストの特殊なキリスト教的意味からさえも離れて問いへの積極的答えを述べることは必要なのである、「聖別の後、パンはいまだ通常のパンなのか？」という問いはナンセンスだと。これはたとえば祭儀のレヴェルから物理学者レヴェルへの単純なジャンプである。むろん物理的リアリティについて問うことはできるが、この問いへの答えは祭儀的かつ、この場合神学的問いに対する答えとして考えられてはならない。この種の混乱は――それはもちろん単純に語り方以上のことであり――ユーカリストにかかわる問いを不明瞭にしたその文脈における問い（聖別の後のパンの形態とは何か？）への答えはユーカリスト的にのみ答えられ得る。原子や分子にかかわる物理学者や科学者によって与えられる答えは多分に間接的に何かを我らに与えるかもしれないが、それは究極的にはユーカリストとは相容れない。トリエント会議の声明は故にその独特なカトリック的意味からはなれて第一に、そして最前線として、パンは奉献の後もパンと呼ばれ得るということの否定なのである。さほどにユーカリストにとって、このことはまじめな問いなのである。パンが何かというさらなる分析、たとえば物理的にあるいは形而上学的には、この文脈の外であり、それは不適切なのである。それ故一般的原則に立ってユーカリスト的実体変化は秘跡的な印《しるし》において与えられる意味の領域から離れては見られないと言えるのだ。過ぎ越しの文脈の故に、〈これをとって食べよ、これは私のからだである〉が、それはさらにキリストのご自身贈与のリアリティ領域内に置かれねばならない。その贈与は意味深く、かつ経験され得るものであり、想起であり、またキリストの死と復活について行為し、語るのである。自然についての物理学及び哲学は故に軽視され得る。実体変化は不可分的に意味の「人間」制定なのである。しかしながら私はまだ実体変化と意味変化が同一であるのか否かの問いには何かを語っていない。他方私は、不変のまま留まるとの論拠への我々の姿勢だけが、ユーカリストにおいて変えられるという見解は除外した。

(d)　ユーカリストと人間的宗教象徴活動における「パンとワイン」

パンとワインがその位置をユーカリストで与えられるとき、それらの人間的重要性は変わった。第一にそれらは単純に自然のままのありふれた要素ではなく、人間への切り離せない関係を伴う、人間の耕作の産物である。それらは生物学的使用に供する本質的実体的対象であり、人間への滋養として意図される。そこでそれらは人間的動作の中に、食物の中に、含まれ、かくして人間の交わりにおいて機能して摂取される。ユーカリストの第一の秘跡的形態は故に単純に「パンとワイン」ではなく、パンとワインが消費される「食物」なのである。秘跡は結局、決して孤立した物ではなく、人間行為であり、その中に物あるいは動作が含まれ、たとえば水で洗う、油を塗る、手を置くなどである。かくしてユーカリストにおいては全てが本質的に結びつく食物、食事、そして卓での信者共同体であり、それらは秘跡となる人間的事態なのである。

しかしながらユーカリストには偉大なことが先行する。パンとワイン（あるいは同等の食物）は生命のシンボルとなり、自然宗教礼拝の一部として受け入れられた。そこにおいては神が全生命の源として経験され、とりわけいわゆる「宇宙的典礼」と呼ばれ、そこではキリストの生命の贈り物として神に感謝が捧げられる。イスラエルではこれらの祝いは歴史的に土台として与えられていた。何故ならヤハウェは彼自身を第一に自然神としてはあらわさず、民の歴史に仕えるために自然を従わせもする歴史の神としてあらわしたのだから。故にイスラエルの過ぎ越しの祭りは救いのできごとの典礼的想起、神の民の解放、出エジプトの想起なのであった。宇宙的礼拝と、民と共なる神の救済史のイスラエル典礼とが共にユーカリストのうちに来た。全く単純かつ新たな何ごとかにおける、内的ではあるが卓越した遂行を成し遂げつつ。原始教会はユーカリストを旧約の過ぎ越しの祝いの文脈内に据え（種々の源での相違ある強調点を以って）、またそのパンを用いたが、原始教会は新しい過ぎ越しの視野において贖いの決定的できごとを為した——キリストの犠牲的死と復活である。福音はこのパン——生命のシンボル（あなたから与えられるこの賜物——宇宙的典礼）と過ぎ越しのパン（その歴史的重要性を伴う旧約典礼）——は私の身体である、私の身体はここであなたが食べるようにと与える過ぎ越しの犠牲である。「私は生命である」——これは真にユーカリストにおける、死んだが生きる主の想起における経験である。この文脈において意味される実体変化は、明白に非常に限定されたレヴェルでのリアリティを引き起こす。そのレヴェルは食事の祝いのそれであり、宗教的象徴的活動において祝われる食事であり——生命を求め生命を与え、生ける犠牲の、あるいは主の死の記憶である。この活動に集約されるパンとワインは単に訪問の際のもてなしの贈り物では無い。要素に対してキリストによってなされる「訪問」のアイデアはユーカリストに対しては相容れない。ユーカリストにおいて起こることは、キリストの甦りにおける誠実な分かち合いであり、神に感謝しつつ、信仰において彼と共にこれを達成する。だからたとえばユーカリストにおける称賛目的のためには直接的存在ではない。現実のサクラメント的要素（サクラメントの形状）は明らかに我らのキリストとの、かつ主の生命を与える救いを含むユーカリスト的完成である。「あなたの手の中に私は私の霊を託す」――キリストと共に、キリストにあって、キリストを通して（ローマ典礼カノンによる）、我々は我らの生命を父なる手に委ねるのである。世界における人間への奉仕において。

(e)　ユーカリストにおけるキリストの現臨と彼の教会

明白なユーカリスト的「現臨」は今やもっと明確に、この恩恵のはっきりした効力の視野において定義し得る。全ユーカリスト的できごとの基礎は仲間への、またこの枠内において父へのキリスト自らの人格的贈与である。これは単純に彼の本質である――「人であるキリスト・イエスは一つの自らの贈与である」（ホ・ドウス・ヘアウトン　Iテモテ2・6）。地上での彼の歴史の永遠の確かさはここに宿る。既に私が語ったように天のキリストへの人格的関係は同時に彼の十字架上の歴史的死の「想起」なのである。ユーカリストとはこのできごとの秘跡的形態であり、父と人間たちへのキリストの自己贈与なのである。記念の食事でもあり、そこではパンとワインの世俗の重要性が引き出され、これらはキリストの自己贈与の運搬人となるのである――「とって食べよ、これは私の身体である」。しかしながらキリストの自己贈与は究極的にはパンとワインに向けられてはおらず信徒たちに向かう。現臨は信者を意図しているが、このパンとワインの贈り物の仲介を通してであり、かつそれにおいてなのである。つまりは自分を与える主はかくして秘跡的に存在するのである。この記念の食事においてパンとワインは意味の新たな確立の主体となり、人によらず教会における生ける主によってであり、それを通してそれらはキリストの我らに自らを与える現臨の印となる。

キリストによるこの意味の確立が教会において完成され、かくして教会において、信徒の集合共同体において、ユーカリストを司式する者において、主の現臨が前提されるのである。私はユーカリストにおけるキリスト現臨と、教会における生ける主の現臨の間の本質的紐帯については、近現代の著者たちよりももっと大きく強調したい。結局究極的にキリストの唯一の現臨がある。これはいろいろな方法で生じるのではあるが。私の意見ではそれはユーカリストの構成において本質的要素を形作る。ユーカリストを解釈する際には「天における」「パンとワインにおける」キリスト現臨を、スコラ神学者たちのように単純に考察するだけでは十分ではない。彼らは信者におけるキリスト現臨をこれら二つの極の実、秘跡的ことがらとしてだけ見做したのである。キリストによってそれらに与えられ、また教会が信仰において同意する意味の徳によってパンとワインは現に印であり、既に現に存在し、我らのために人格的存在である主の特殊な秘跡的形態である。もしこのことが否定されたり過剰に見られれば、そのときはユーカリストにおけるキリスト現臨のリアリティは意味欠落の存在となる危険性がある。実体変化はキリスト、教会の生ける主がこの新しい意味を与える際、我らに何かを与えることを意味せず、彼はたとえば我々に愛の受肉の証拠を、あらゆる意味に満ちた存在の内に与え、そこにおいて我らが与え主の手を、そして心を認識し、究極的には与え主自身を経験するのである。否、実体変化の内に関係性はもっと深いレヴェルに至る。我らに与えられるものは与え主、彼自身なのだ。この与え主自身という贈り物は全く不適切にも現象学的「贈り物における自己贈与」によって差し出される。「これは私の身体、私の血である」、つまりこれは贈り物における自己贈与ではなく、もっと深いレヴェルでさえもそうではない。何故ならばここでの与え主は、キリスト、父の人格的体現者だからである。否、ユーカリストで我々に与えられるものはキリストご自身以上には何も無い。パンとワインの秘跡的形態が象徴するもの、かつ同時にリアルにするものは、それらにおいて与えるご自身であるキリストについて言及する贈り物ではなく、人格的存在を生きるキリスト、彼ご自身なのである。秘跡の象徴する機能

（サクラメントゥム・エスト・イン・ゲネレ）はここで最高潮に達する。それは信仰のうちに我々が経験し得る純粋で意味深い存在の内なる現実的生けるキリスト、その御自身を存在せしめるのである。ユーカリストのパンとワインの現象的形態は御自身についてのキリストの贈り物をリアルにする印以上の何物でもない。それは全ての信者を人格的にこのできごとに招く印を我らに対してリアルにすることにおいて、教会はこれに応答して答えるのだ。秘跡のパンとワインは故に我々にキリスト存在をリアルにする印だけでなく、教会の現臨（教会において、我らについてもまた）をキリストに対して持ち運ぶ印なのである。ユーカリストの食事はかくしてキリストのご自身の贈与と教会の応答的自己贈与を象徴し、それはキリストにおいて教会とは何であるかということの応答であり、教会はキリストにおいて、かつキリストを通して与えるものを与え得るのである。秘跡的形態はかくして「現臨」の互恵主義を象徴する。救いの決定的共同体として教会はキリストから切断し得ない。もしそのときキリストが、この特別な秘跡において自らを存在せしめるのなら、教会もまた同時に自らを存在せしめる。キリスト教会の存在は意味に充ちて、この秘跡的印において「全世界の救いの故に」父への共通の明け渡しの内に表現され、かくして特別な方法で現実化される。これがアウグスティヌスが「我ら自身はパテナによる」と言い得た所以であり、全ての教父的スコラ的伝承はユーカリストを「教会とキリストとの一致のサクラメント」と呼ぶことができたのである。「これは私の身体である」とは「主の身体」、新しい契約、教会とキリストの一致である。「何故ならば一つのパンがあり、多である我らは一つの身体である、一つのパンを分け合うのだから」（Ｉコリント10・17）。これはキリストご自身の現臨が遠ざかるのではなく、むろん教会の基礎なのである。キリスト論的意味での「主の身体」は教会論的意味での「主の身体」の源である。キリストの「ユーカリスト的身体」は二つのものの共同体である――キリストの先験的現臨と彼の教会の。これらは意味深く、キリストの身体による「教会である身体」の養いにおいて秘跡的に象徴されている。次いでこのユーカリストにおいては新しく決定的な契約が共同体において祝われ存在せしめられる。ユーカリストにおいては優先権はキリストに与えられる。

中世にはキリストの身体の現臨（res et sacramentum）は伝統的に出発点としてとらえられ、「教会」である身体は第二の位置においてのみ認められた。しかし教会に対するキリストの現臨と主に対する教会の現臨は、実にユーカリストにおいては「秘跡化」される。この先験的現臨はさらに深く親しみのあるものになるという結果を以って。何故なら人間への愛の贈り物の形をとる秘跡的形態と父への自らの先験的贈与は、この祝いを通して、さらに強くキリストの死と復活の救済のできごとにおいて根本づけられるのだから。かくしてユーカリストは父へと方向付けられ、教会を通して、教会と共に、そして兄弟愛と奉仕において人間へと向かう。ユーカリスト形態は教会を形成し、キリストの死と復活から生きる教会をもたらすものである。この全てはユーカリストの定義と実体変化にとって重要である。ユーカリストにおけるキリストによって与えられた存在はむろんこの存在の個人的受け入れが先行し、その結果ではない。よってそれは提供されたリアリティを留める。たとえ私がそれに答えなくとも。私の不信頼はキリストのリアリティの提供とキリストにある教会の残留のリアリティを無効にすることはできない。しかし他方ユーカリスト的現臨もまたその秘跡性それ自身の中に先験性を含み、それが故に完全に実現される。同意が信仰において秘跡の出来事に与えられ、この出来事が同時に人格的に完成され、つまりはこの先験性が秘跡の食事における印の真の意味と一致して場を占めるときに。

故にユーカリスト的存在は個々人の信仰によらないがしかし、秘跡的提供は教会共同体から離れては考えられない。つまり結局はキリストと彼の教会の現臨なのである。スコラ神学者たちが適切にも言ったようにユーカリストは、その秘跡性において打ち立てられたのであって、個々人の信仰によらず、しかし教会の信仰によって奉献の儀式において表現される司祭の祝いの意図に感謝する。

次のように言うのは正しい、ユーカリストは教会の、そして教会においては生けるキリストの祭儀であると。それは意味の「人間」付与を含むが、しかしそれは人からではなく、教会の中に生きたもう主、あるいは主にあって生きる教会から来る。この意味付与の故に「主への教会の信仰」の領域内において唯一、場を持ち得る。これは純粋に主体的あるいは意図的できごとであるものに対して幾分劣った実体変化というものや、それを割り引くことを創出しない。しかしながらそれは、ユーカリスト的リアリティが信仰からのみ接近し得て、非信者のためには現実としての価値を持たないことを意味する。何故ならば単純に彼はこのリアリティのレヴェルに達していないので。しかしこの非信仰はユーカリストのリアリティを無効にはしない。しかしながらもし我々が奉献されたパンについて、それは教会の信仰からは分離するという点に客観的であろうとするなら経験は不可能になり、実際意味無しになる。ユーカリストにおけるキリストの現臨はもちろん恩恵の提供であり、各個人の信仰からは独立している。しかしユーカリスト的典礼はまた意味を確立するできごとであり、ユーカリストのパンとワインの重要性はこれを離れては決定されない。秘跡性の領域の外に場を持つ物理的あるいは形而上学的解釈は我らのユーカリスト理解に関する限り価値を持たない。奉献されたホスティアに信者にではなく、あるいはへだたって何らかの事変に巻き込まれて都合悪く何ごとかが起こったとき、それは問題にならない。たとえばもしそれを、鼠がかじる音を聞いてもあわてるには及ばない——それをもってユーカリストがかかわるリアリティのレヴェルは、その経験が個々の信仰によらないとしてもリアリティとして信者に達するのみである。そのとき秘跡的提供としてのキリストのユーカリスト的存在がもたらされる際に「教会の信仰」が現実化することを、個々の信仰はこの提供された存在の人格的受容において現実化するのである。キリストとの契約内にある教会の関係性は秘跡的印を現実化し、そこでは信仰共同体のうちにある個々人の信仰態度がこの契約への、彼の抜き差しならない関係を現実化するのである。

(f)　実体変化と意味変化、あるいは意味の新付与

続く章でまとめるアウトラインとして全ユーカリストの成り行きの背景に唯一抗するものとしては、注目点は「それでは最後の頼りとして、ユーカリストのパンとワインは何なのか」ということである。

非キリスト者は何であれ、いかなる変化も見ることはできない。信者でさえ、もしその奉献されたホスティアは、されていないそれから移されたのだとの知覚無しでは如何なる変化も見ることはできない。最初期においては明確にパンとワインはユーカリストの祭儀から切断し得ないという事実を指し示していた。その理由は、ホスティアの保存は、ユーカリスト的文脈は明らかに保存されているという崇敬の痕跡に取り巻かれているからである。しかしこのことは、この崇敬は十分に食事についての教会の意味変化についての基礎にたって説明し得るかどうか、疑問を投げかける。このことを以って我々は最後の問いに接近する――意味変化は実体変化と同じなのか、あるいは実体変化の帰結、または包含なのか？　個々でその十分な伸展において生じる問いはリアリティについてのそれなのである。

(g)　リアリティとその現象的出現

我々が自らに問わねばならないことは究極的にはユーカリスト的形態の知覚経験であるリアリティとは何かと言うことである。我々は簡単に人間の知覚構造設定を退けることはできない。人間の知覚は——私はここでは人間のそれについてだけ語るのだが——非常に特殊な領域を持っている。つまり感覚によって知覚されるものをもっての霊的活動（リアリティへの活発な開放性）である。それ自身感覚的知覚（つまり感覚と知覚によって見通されるもの）は客観的とも主観的とも呼び得ないし、現実的にあるいは観念的に解釈できるものでもない。知覚されるものはそれを知覚する主体から切り離せない。それは人間の気を引く環境から独立してはいないので純粋に意識の状態ではない。それはまた主体の反応から独立していないし、故にリアリティの客体的質ではない。そこでこれが自ずと強調することは、感覚的知覚のために意味を持つ何かは、もしこの知覚と絶縁するならば必ずこの意味を失うはずであるということである。これは明確にメルロ　ポンティが描写した。しかしながら彼はそれをその全体性における人間の自覚に適用しがちである。しかしながら純粋に感覚的な知覚は人間には起こらない。人間は人間的なやり方で、見、聴き、嗅ぎ、味わい、触れて、彼が知覚するものと知覚とを両方人間化する。知覚は、かように生物学的用に仕えるだけであり、よって（そのなかみと共に）リアリティへと向かう人間の霊の方向性の中に含まれ、特別に人間的な領域、究極的には「徳義」が、我らが入ることを許される神のリアリティとしての世界なのである。

かくして知覚（そのなかみと共に）は純粋に感覚的従属の上方に上げられ、リアリティの霊的意味の方向性の中に受け取られる。故にそれは印において同様、外的にはリアリティそのもの、そのままでは人間の霊に対して意味を持つだけのものを指す。この意味において人間自身は彼の知覚の中身がリアリティとみなし、そしてこれをかかわりある印として満足する象徴付ける機能を形作る。人間は、にもかかわらず、彼の複雑さを退けて総合体であり、リアリティへと向かう彼の自覚的方向付けは、それゆえにこの類の関連する感覚的知覚によって覆われ支えられるのである。人間の霊はこれら感覚的知覚のつながり（人間的に質を持つ）無しでは、常に彼から逃れてしまうリアリティの神秘に近づくことはできない。この意味において我らの人間的意識は人間の知覚において設定され、その背後にではなく、その上方あるいは下方にである。我らの環境（この場合パンとワイン）と生きた接触を獲得している感覚的中身はリアリティの実質的質を持つとみなすことはできない。それらは故に「付体」（アクシデント）とも、いわば深いレヴェルで備えられている「実体」（スブスタンス）の客観的属性とも呼ぶことはできない。それは故に、実体と付体との間のアリストテレス的相違は、実体変化のドグマを解釈するに際しては、我らの助けとはならないということのように思われる。部分的には感覚的知覚を通して、人間は自分自身を、感覚に先行しかつ与えられている人間の存在的形而上学的存在に向ってリアリティの神秘へと開いて行く——つまり存在をあらわにし、意味を確立するロゴスへと向かって。

この前もって与えられるリアリティは人間の手の業ではない。

リアリティとは決してそうではなく——神の創造である。教義の帰結である創造の教義と形而上学的リアリズムとは全ての神学的思索の中心である。創造の教義は必然的に人間による意味の全ての付与に先立つ。それはこの既に与えられている神秘内においてのみであり、かつ不可侵ではあるが、人間が意味を与え、自身のために人間世界となすことができる「神の世界」である神秘的贈り物の上に建て上げるときだけである。しかしながら人間の状況——感覚的生活、ものごととの概念的接近、そして具体的連携——はまたそこにおいてリアリティが出現する方法を決定する。リアリティそのものと、その現象学的出現の間の、ある種の相違はこの人間学的状況から生じる。もちろんリアリティは、自らをその現象学的出現の背後には置かない——出現はリアリティそのものなのである。しかしこの出現は人間がリアリティに近づく複雑な方法、つまり存在の込み入った方式の帰結によって彩られもする。人間のロゴス、人間自身の意味付与はかくしてリアリティの出現に際して一つの役割を負う。リアリティについての人間の知識の不適切性はリアリティと現象としてのその出現の間の、ある種の相違を告げる。この意味において現象学的なものは、リアリティの印なのである――それはリアリティを象徴する。そこでこの文脈において「現象」は感覚的なものだけではなく、リアリティそのものを表現し、あるいは具体的に我々に対して現われるあらゆるもの、つまり神秘としてのリアリティを表現するものに対しては不適切なものも含む。故にリアリティについての明白な知識は、リアリティとして伝えるそれ自身が、意味付与によって伴われるということへの活発な開きにおける複合的統一なのである。しかしながら実際においてそれ自身が私に示すことは、私がリアリティに対して与える意味のための規範として働きもする。

(h)　秘跡的形態において出現する「主のからだ」

ユーカリストにおけるキリスト現臨へのカトリック信仰の命題化において、リアリティについての人間知識の一般的構造を無視するのは不可能である。そうすることは人間の信仰を一種の「超構造」にしてしまうであろうし、我らの人間知識の頂上に建て上げてしまう。救いのリアリティの信仰についての我らの理解はまた非常に複雑な全体である。既に私がしてきたように、我らに対してリアリティとして客観的に伝達されるものに対する、信仰における活発な開放性は信仰における意味付与に付き添われるし、ここでもまた救いのリアリティの出現は〈信じる〉人間の存在の複雑なありようによって色づけされる。もしリアリティが（「リアリティとは何か」についての可能な感覚において）人間の手の業でなく、創造の神の贈り物によるのみであって、人間の意味付与にさかのぼれないのなら、そしてまたもしそれが信仰の全伝統から、教会が信仰のこだわりにおける、ユーカリストのトリエント教義から明白であるのなら、それならそれはユーカリストの意味変化は実体変化と同一ではないが、それと親しく結びつくのだとするカトリック神学者たちに対して明瞭であるに違いない。

ユーカリストの事例において、我々がリアリティそのものと現象的出現としてのリアリティとの間を必ず区別立てをするのは特殊なのだ。普通はもちろん、我々はこの区別立てに注目しないし、また我々がそれを概観する事実は我々の実践的生活に全く影響しない。しかしながら我々がユーカリストについて考えるときには、いうならば口を出さざるを得ないのだ。パンとワインとして我々の経験において現われてくるものは、我々に対して出現してくる「主の身体」（秘跡的滋養物）である。パンとワインの現象学的形態が象徴するものは、創造的霊力の故に現象的かかわりが変化させるリアリティへと変わるのであって——それはもはやパンとワインではなく、私に対して霊的養いを意図して与えられる「主の身体」以外のなにものでもない。信仰者は自然に現象的なものの意味変化に引き込まれる。パンとワインの形態の新らしい意味とは、信仰者が現に現われ出るものへの方向性と、それへの開放性において生き生きと現象に場をゆずることなのだ。そこで現に現われるのは——滋養物の秘跡的形態における「主の身体」である。ユーカリストにおいては実体変化(conversio entis——存在するリアリティとは何か？　キリストの身体)及び意味変化(新しい意味あるいは新しい印の賦与)は分かちがたく結びついているがしかし、単純にそれらを同一とみなすことは不可能である。教会と信者個人による信仰においての意味の活発な付与は、神によって提供された「主の身体」である現臨の恩恵の神秘内に場を占め、リアリティに届こうとするキリスト者の意図によって達成される。故にユーカリストにおけるキリストの現臨は、キリストのユーカリスト的存在における信仰と要素である計画的な信仰の活動の中で、この存在(キリスト及び彼の教会の)を引き出すことを現象学的に経験するパンとワインの形態を許容することによって接近し得るのみである。ユーカリストにおいて現臨するキリストの出来事において彼は現われ、あるいはむしろ自分を差し出し、それにおいて信者は彼を食物として受け、それゆえにまた信者は信仰の客観的活動を包み持つ。この活動は、現臨は引き起こさないが、それを現象学的優先として前提する。かくして「秘跡的形態」はそれ自身を食物として主張する真に「主の身体」なのだ。キリストは信仰者に真に彼自らを与える。この「秘跡的形態」のみが食事において完成に達し、それにおいて我々は信じる共同体になるためにキリストに向かって我々自らを養うのだ。

この信仰の神秘の解釈と、私は格闘してきた。そしてカトリックの信仰告白が何世紀もの間、キリスト者をユーカリストの祝いに連れ伴ってきたものへの信仰に充ちた崇敬において私は個人的に形而上学的密度無しの単なる現象学的解釈に満足することはできない。リアリティは人間の手の業ではない――この意味においてリアリズムはキリスト者の信仰に対して本質的なものである。トリエント公会議の論拠についての私の解釈は、よって決して意味だけの人間的付与へのアピールを以って単に意を尽くそうというものではない。たとえこれを信仰の枠内に設定しようとも。もちろんこの類の意味変化はユーカリストにおいて場を占めるがしかしそれは送られたキリストの霊の再創造活動によって支えられ呼び出されるのである。神ご自身が生き生きと、教会を信じ行為し祝う空間において活動し、帰結としてこの神の救う活動は秘跡的に、神の国との我らの終末的関係を深め、朽ちないものにする「新しい創造」である。この希望の担保の背後に主はいまし、信仰の秘跡における生命の旅を強めてくださる。そこでは人間によって純化された自然の要素は、主の栄光に輝く身体と血に変えられて、兄弟連帯の食事と天の晩餐の前味を提供するのだ。

結論――「何故」そして「どのように」

R・クワントは最近「実体変化の『どのように』は『何故』に比べて重要ではない」と述べた。本書の議論からすれば「何故」という文脈内で「どのように」を論じたことは明らかであり、私としてはその意図が、パンとワインは奉献の後、非ユーカリスト的意味において、つまりユーカリストから離れて何であるのかと問うことは無意味だという意図でない限り、この対照法を受け入れることはできないのである。しかしこの終局はリアリティとは何であろうとするところに落ちる――もし教会がパンとワインについて何らかの祝福を宣言しなかったのであるならば！　たとえば形而上学的次元に言及するのであれば、私の結論としては、トリエント公会議に従って、この次元はユーカリストにおけるキリストの「現臨」を信じる我らの信仰の本質的部分を形作るということであり、私が意図する全てはキリストのユーカリスト的存在とはリアリティであるということである。故に私はこのリアリティは現象学的出現の背後に見出されるべきだとは言わないが、それは信徒に対して現象のうちに出現すると言おう。

キリスト者として私は信じる。キリスト者はユーカリストにおいて、私に単に彼の愛を味わい得る存在を与えたのか、あるいは秘跡的滋養物としてご自身を与えたのかを知ることは非常に重要なのだと。この現象について「どのように」は故に、生気に充ちたキリスト者の問いに答えることになり、必然的に正に「何故」と同じくらい重要なのである。「どのように」の新解釈はもちろん不適切にリアリティにタッチするだけであろう。つまりそれ自体決定的方式を供給することはできない。我々はこの世の状況においては、これ以上いかなる遠くへも行くことはできない──我々は決して絶対的なものを完全に所有することはできない。しかしこのことは我々の世的状況から、信仰のことがらを思索するのは無意味だということにはならない。我々は譲渡不可能的にリアリティに向かって方向づけられており、それは決定によってであって、我らの手の業ではない。しかしそれは常に我らに訴えかける。リアリティ（そして信仰のリアリティ）に向かってのこの方向づけに強いられて──我々はそれを精査し、また再度精査して、それを我ら自身のために形成するという課題を負うのだ。我らの信仰についての探究、また信仰を命題化する企ては、ユーカリストの出来事を実存的に経験することに対しては二次的である。

しかしながら探究は我らのユーカリスト経験に仕え得る。たとえ予防的意味においてだけであったとしても。展望が我々の新しい人間理解、世界理解から沸き起こってくるかもしれないし、ユーカリストについての我らの解釈的経験と経験的解釈が対立する一種の「前理解」へと発展するかもしれない。もし我々がユーカリストを再解釈する企てを放棄するなら、それでは我らは教会における我らの生と、世における我らの生との間の裂け目を増大することになってしまう二重の真理を以って生きることになるか、さもなくばユーカリストにおいて我らが信仰のうちに祝うそのリアリティをいつの間にかふるいにかけてしまうだろう！　第二の道は少なくとも、ユーカリストの我らの経験の解釈に適用する。この経験がそれ自身オーソドックスであるようにと。たとえ長期にわたって我らの解釈に影響されるであろうとも。近代におけるこの危険は単なる想像ではなく、私には回勅「ミステリウム・フィデイ」のもっとも深い意味が正にこれを現実的な危険性として指し示しているように思われるのである。トリエント教義を再解釈する我らの企ては、一方では単純に信仰の伝承と結びつく非常にリアルな緊張への答えを供給することを目指す。警告と求めは教会においては特別な機能を持つ。それはただ我々がキリストの独自のメッセージを真実に聞き得ることと同時に、またそれを、その同時代的文脈で理解するという手段によってのみである。命題化することは、本質において歴史的に色づけられており、故に相対的であり、それが近代生活の文脈に関係するので、第一の場に置かれる。それ自身においては関係性はいずれにしろ、無関係と同じではあり得ない。神学的命題化は結局、教会が既に信仰について表現してきたものに土台を持つのである。信仰は単に正統的な表現と同一ではありえない、しかしそれはまたなかみ無し、何らかの表現無しでは不可能なのである。

しかしながら他方、決定的表現あるいは信仰論拠の成文化へと釘打ちはできない。にもかかわらず、救いのリアリティは事実上、たとえば典礼や教義という教会生活の現象的面において出現する。しかしこの現象面はただリアリティの出現としてのみ見られ続ける。しかし我々は信仰についての教会の表現の現象的面において救いのリアリティに出会うのである。信仰の新表現についての我らの探求においては、我々はくりかえし、いまだこれらの表現における信仰のリアリティに出会い続けているのかという問いに直面する。それらは保証することはできないのだ。われわれが過去に教会によって作られた多分にぎこちない権威的な表現とは違って、それらは我らを保証してくれない。何らかの新解釈はいまだ信徒による同意を（あるいは可能なら拒絶を）求めており、それはまた信仰についての全解釈を審判する人々――全教会との交わりのうちにキリストの福音で生きており、教会と一致する世界の監督――によって審査もされねばならない。新解釈は必要かもしれない、何故なら古い解釈は我らに対して我らの信仰経験の範囲内で語ることを強いるからである。しかし教義的に確定された信仰の表現に抗して直接的に反応する者は、自分自身についてきわめて批判的であるべきだ。

それでは、教義的定式を攻撃する際に、信仰論拠についての深い意味に対して全き審判が為されることは明白なのか？　一見する限りエキュメニカルに、より価値ありと現われ出てくる解釈でさえ結局エキュメニズムを害するかもしれない。求められるのは解釈のどのような企てにおいても、救いのリアリティに対するアプローチであり、それは遠慮がちであると同時に、またどちらかが内気あるいは楽観主義というのではなく、自分自身の思考には非常に厳しい批評的態度でもあり、うやうやしくもあるということ。一つの定式が信仰を極めつくせるのではないが、しかしこれが真実かつ意味深い、あるいは信仰に従った全表現をつくり出すわけではない。釈義的アプローチは緊急事態であるが、我々の批評的思考において、過去及び我らの周囲についての如何なる言及無しに、その土台からあたかも我らが全てを新たに志向することができるかのような唯我論のための理由となることは許容されるべきではない。そのような態度は無批判的であり、非実存的である。人間であることの状態とは純粋な現在の現実性ではなく、過去の土台の上に立つ現在においての将来の期待である。新解釈への、自身の提案が、根本的な誤解と間違い、非キリスト教的解釈に抗って立つと予見する人は勇敢であるべきだが、同時に忍耐強くあるべきだし、おそらくその意見がしだいに公になっていくことを許容すべきである。

ある方面で繰り広げられた非忍耐は私には、我らの信仰生活における神学の役割の過大視と思われる。このことは私が既に神学的命題化と信仰生活についての教会の機能の現実的重要性について語ったことと矛盾しない。ユーカリストの神学は常に、ある多様性を示し、現臨についての神学的に仔細な区別立てにおいてはキリストご自身はしばしば不在であった！　しかしこのことは救いのリアリティに向かっての正統的かつ真の方向付けが、信仰に対して本質的であるという事実から遠ざかりはしない。というのもキリスト者は自分が喜ぶものを信じず、神が要求するもの、救いのリアリティとして、また信仰の神秘として限定付けられたものを喜ぶからである。信仰に聴き、それが故に信仰において解釈しつつある人間は、もちろん歴史において彼自身であり、彼が聴いたことについてのその解釈は、とりもなおさず、その状況に彩られている。そしてこのことは決して単独で、あるキリスト者仲間を「非正統的」と呼ぶ権利を与えない。私自身が自らの正統性について人間的なあるいは批評的確かさとを持ち得ず、ただ神の恩恵の故にただ固く望むだけのときに、どうして他者の正統性を裁くことができよう？　個々のキリスト者による信仰についての常に育ち行く解釈はいつも誤説と誤解にさらされるのである。がしかし、キリストの教会の枠内で信じ、この教会の信仰において分かち合ってこそ、継続的に形成され、誤りを正されるのである。与えられる救いそのもののリアリティによって。これは新解釈が時と共に、神の民全体の同意を獲得するであろうとの確信を与え、同時に教会と世界とはその後もさらに成長し続けるであろうと思わせることで勇気づけるのである。

＊Substance　実体　実質　Substantiatio　実体変化、実質変化
Accidents　付体　Species　形色　Form　形態
Event　成り行き、出来事　Things　物
Consecration　奉献　聖別　Transfinalisation　最終変化
Transignification　意味変化　Transfunctionalisation　機能変化

＊なおカノン資料（28頁以下）AからEまでの記号はわかりやすくするために訳者が付したものである。

訳者あとがきにかえて

本書"The Eucharist"原著76頁で、著者スヒレベークス（Schillebeeckx）は、注82としてレーンハルト（Franz Jehan Leenhardt）の名を挙げている。Leenhardt は Schillebeeckx に先立つこと12年、1902年、フランスはラングドックに生まれ、1990年にジュネーヴで88歳で死去している。このことだけでも察しのよい人は気付くであろうが、モントーバン神学校（この建物は、今はその名も『カルヴァン』という老人施設になっているが礼拝堂などにかつての面影が残っており、私はここでひと夏のヴォランティアもさせてもらいよい体験となった）、そのモントーバンから移ったモンペリエとパリで学び、学を修めて後はジュネーブ大学で教授、学長をも務めたとあれば、これはもうれっきとしたカルヴィニストであろう。フランスで牧師経験もあり、『ローマ人への手紙注解』も残し、専門は改革派神学、キリスト教倫理と幅広く、しかも後年には「サクラメントとエキュメニズム」にとりくみ、1956年には『カトリックとプロテスタント』も著している。この時54歳時であった。

Schillebeeckx の本書は、Leenhardt が1948年、あるいは版を重ねたのか1955年に出版した書名〝Ceci est mon corps これは私の身体である〟(Neuchater and Paris 1955) の書名を注に記し（原著76頁　注82）、本文ではこれについて、拙訳（80頁）によれば「基本的に宗教改革はユーカリストにおけるキリストの特殊な存在を保持しようとしているが、それでもなおレーンハルトやテゼ共同体のリアリズムを受け入れることにはためらいがある」（78頁）と、12歳年長者に対してであっても、カトリック側神学者として異議を申し立てているのである。異議詳細は本文をお読みいただきたいが、この経緯は、過日拙訳した『プロテスタントからカトリックへ橋をかける説教――ストラスブールの街から』（原題『朝は来る』ヨベル、2015年）の著者 Marc Lienhard 教授（元ストラスブール大学学長）の "Identité confessionnelle et quête de l' unité"（2007 Editions Olivetan）に詳しい。

その中の10章から少し要約しよう。

「1972年にフランスでは二つの新しいテキストが出、一つは des Dombes グループの『ユーカリスト的同じ一つの信仰へ？』であり、もう一つはストラスブール司祭、Elchinger 枢機卿によるもの。前者はより神学的、後者はより牧会的ではあったが、この内の Dombe のテキストは、キリストの血と身体の要素の関係については Leenhardt と Schillebeeckx の労作に基づいて作成されたものであり、『パンとワインは最終的真実において外的印のもと、リアリティが与えられ、その飲食のうちにキリストは留まる』とした。これはカトリック教会において公的には了承されなかったが Taize へと繋がっていく。枢機卿のものは二教派間信者の結婚の配慮などを考慮してのものであったが、その指針は完全には日の目を見ることは無かった」。

つまりこれらの動きが起こる以前、１９６７年にSchillebeeckxの"Le Christ, sacremento de la rencontre de Dieu"(Paris,Cerf 1967)、［邦訳『キリスト――神との出会いの秘跡』（石福恒雄訳、エンデルレ書店、１９６６年）］がネメシェギ師校閲によって出されている。またネメシェギ師自身も自著『主の晩餐』（南窓社、１９７０年）の中で「最近幾人かの神学者、特に秘跡神学に関してすぐれた研究を行ったスヒレベークス」（３４８頁）、「スイスのプロテスタント神学者、レーンハルトの二つの論文も特に注目に値する」（１１３頁）と、両者に対して積極的な評価をしている。

私は邦訳『キリスト――神との出会いの秘跡』を牧師時代にある方からお借りして読んだのだが、北米ノートルダム大学購買で、カルヴァン研究会の折りに見つけて購入した本書『ザ・ユーカリスト』とは別ということがわかった。なにしろ英訳ではあるし、もともとは仏語なのかその他によるのかも知らず、ただただ「ユーカリスト」に特化した本を喜んで読んだのである。

雪の日、暖かく広い購買部の書籍は私を慰めた。同時に極寒の中、キャンパス内聖堂の早朝ミサにぎっしりと集まる人々の熱心さはどこから来るのだろうと不思議だった。説教することは喜びであったが、おそまつながら聖礼典への関心はほとんどなかったのである。外では牛乳配達の車がカタカタと鳴っていた。私はもっと広くもっと深く正確に知らねばならないと痛切に思った。モンペリエでの学びはその後のことである。

そこでは北米とはまた異なり、トゥールーズから司祭が来て教える授業があり、ある女性の博士論文は「マクデブルクのメヒティルト」であった。しかもその指導教授はカルヴァン研究家ユベール・ボスト氏であった。ルター派教授のみごとな講義もあった。私ともう一人の学生は思わず、スタンディング・オーベイションをしてしまったが、この先生は堂々と自らの同性愛を公言しておられることにも驚いた。はたまたマルセイユ生れの元カトリックの学生ニコラがおよそ10年後（パリでカルヴァン生誕500年の折り、ソルボンヌ講堂でフランス改革派は記念講演会を開いた。その後、生誕の地ノワイヨンへのツアーも計画された。福音ルター派との合同シノッドはこの年、パリ近郊を会場として持たれた）の再会では結婚して牧師になっていたし、ヘブル語をがんばった中年女性パスカルは母校の講師になっていた。私が学んだ当時、教科書さえもコピーで間にあわせていたアフリカ勢の仲間に会いたいと思ったが叶わなかった。留学一年の学びを終えてモンペリエを去るまぎわ、私が拙いフランス語（校閲はチェコの学生兼講師、片方が割れた眼鏡をかけており、私が代わりをプレゼントすると言っても固辞した青年がしてくれた）で説教し、キュビリエ教授が聖餐式を学内チャペルで執行して花を添えてくださった親切は忘れることができない。帰国してフランス改革派礼拝式文の一部を和訳したものを学内図書館へお送りしたところ、10年後それを目にしたこともありがたいことであった。

また「ジャリーヴ（今行くよ）」さえ聞き取れない私の仏語能力をいぶかり、留学時最初の面談の折り、「君の手紙のフランス語はなかなかだったのになあ」と不安の面持ちだったが、「ラ・パロール・ドュ・ディウ（神の言葉）」の一語を私が発したとたん眼が輝いたゾルン学長は、それでも、日本のキリシタンに関心を持つご夫妻との場をアレンジしてくださったりして、最期までお世話になった。ライシテは政教分離としてしごく当然と考えていた私に、当地でのその問題の複雑さも教えてくださったのも、この学長である。他にも、ガンバロットという面白い名前の先生からは、パトリオティスムとナショナリスムの違いを興味深く聴いたし、カルヴィニスト末裔らしさを以って、圧倒的にカトリック優勢の仏ユグノーについて「トレ・トレ・ミノリテ!」と口をすぼめて言われた声も耳に残っている。先生はこの神学校を去られるとき、著書に親しい添え書きを書いて、サイン本をくださった。

思い出を語ればきりがないが、留学時ある日の公開セミナーで一人の老婦人の、私が聞いていても素朴な質問であると思ったそれに対して、講師が実に親切に丁寧に暖かく答えていたことにも単純に感動してしまったのであった。

人も教会も全て成熟する可能性は開かれている。


さて、スヒレベークスの本著(英訳本)は2005年7版を数え、レーンハルトの英訳本も2004年に至るまで再版され続けているのは面白いことである。新旧両派の「ユーカリスト」議論のよいテキストなのだろう。後者もどなたかが訳されることを願っている。ジュネーヴ大学蔵書のアルキーブ公開による多大な恩恵を活用することができる。参考までに、これもネットによるが、現在はオスカー・クルマン(Oscar Cullmann, 1902~1999)の論文と合わせて"Essays on the Lords Supper"(James Clarke & Co)として出版されている2004年版裏表紙の「この本について」を訳しておく。

「彼【レーンハルト】はキリストが人間との間にどんな関係性を築こうとしたかの問

いに答えを与えようとしている。あるいはもっと直截的にキリストは弟子たちの福音宣教を願って以来、御言葉を説教する紐帯を確立したのだ。『あなた方に聴くものは私に聴く』。だから問いはどうであるにせよ、彼【キリスト】は語られる言葉とは他の手段によって、さらなる彼らの関係性確立を願ったのだ。【キリストの死と死の晩餐の結びつきとして引き出されるパン裂きと復活預言について書いた　クルマンとの】二つのエッセイは主の晩餐への中心的意味に新たな独自の洞察を与えている」とある。

両方共に短い論文だから読みやすいと思う。アルキーブでは、レーンハルトのさらに詳細な"Le Sacrement de LA SAINTE CENE"も公開されているが、私が取り出したのはあくまでも"Ceci est mon corps"であるが目次を挙げておく。

前辞　Ⅰ御言葉とサクラメント　Ⅱキリストによって確立された関係性　Ⅲ実質変化（全実体変化）　Ⅳ犠牲としての主の晩餐　Ⅴ祭儀の効力の問題　Ⅵ教会の文脈内での客観性　Ⅶサクラメントの恩恵　［索引・注］

ジュネーヴ大学蔵書アルキーブ（もはや既に！）の恩恵を得てＰＤＦ版でざっと読んだだけであるが、個人的にはⅢ章よりもⅣ章に説得力と魅力があった。

しかし私は後者を訳さず、前者スヒレベークスを選んだ。圧倒的な「現臨」⇅「実体変化」説得及び護教論の熱意に圧倒されたからであり、先に挙げたネメシェギ師著書『主の晩餐』中にも当然ながら合致する部分があったからだ。つまりレーンハルトのカルヴァンを継いだ「実体変化」理論はやはり「化体」ではなく、「からだ」と言っても「霊的実体」であるとして、次のように書かれていたからだ。

「しかし、このような意味転換だけで、パンの実体がなくなることだけでなく、キリストが聖体において現存するようになるということも十分に説明することができるであろうか。すなわち常にその教会と共にいる復活したキリストが、パンとぶどう酒に新しい意味を与えることによって自分の現存と愛を教会に示すという説明で十分であろうか。要するに、存在の領域に触れずにしるしの領域に触れるだけで、聖体におけるキリストの現存を説明しきれるであろうか。この問いに私はスキレベークス（原文ママ）などとともに『否』と答える」（ネメシェギ著267頁）。そして「事実キリストは復活してこそ、時間と空間の一切の限界を超え、我々がまだ経験できないようなまったく新しい方法で実際にこの世と共にあることができるようになった」（同著267頁）、「私も彼らの考えを正しいと思う」（同頁）と、現存者は復活者であることを認めつつも、「我々が拝食するのは『生きているいけにえ』（エフレム）、『天において天使たちが礼拝しているキリスト、御父の右に座すキリスト』（ヨハネス　クリュストモス）」と述べられている（同著257頁）。キリストこそが、キリストのみが正に秘跡の源泉であると認めつつ「聖別が行われると同時に、教会に集まった信者一同がひれ伏して聖体における自分の主を礼拝することができるほどのことである」と信仰告白に近い叙述が続く。「殉教」をささげ得る告白である。私もまた聖霊の望みのもと、天で主に現にお会いする喜びの前に、この世でも、キリストの地上での生涯もさることながら十字架上できわまった主の体をしっかり抱かせていただき、その犠牲に自分を重ねて差し出していくことを、最後までやりとげたいと願ったからである。

ユーカリスト制定はそれこそ「受難に向かう前」「引き渡される前」に為されており、カルヴァンいわく聖礼典は「人の弱さを考慮して」制定されたものであるとすれば、私は実にこの助けを、否これこそを希求したと言える。ミサ中唱えられる文言の「いけにえ」（サクリファイス）要素もいまだ私には新鮮である。なにしろ「聖体祭儀が十字架上の奉献の継続であることを念頭に置かなければならないものである」(『主の晩餐』、253頁)のだが、宗教改革者たちが「キリストのあがないのわざの結果を司祭が行う儀式によって人々に分配するなどと言うことは彼らには受け入れがたいことであった」「教会の司祭によって行われた聖体祭儀によって人々にキリストのあがないの恵みが分配されるという教義を排斥したのである」(同著、242頁)等についてはおおいに議論していただきたいところではある。犠牲についてはレーンハルトもまた、著書「これは私の体である」中、Ⅳ章において、美しい説教のような個所があり、これもまた改革派に立つ者としての信仰告白として読むことができる。彼もまた十字架にきわまる主の犠牲ワンス・フォー・オールがユーカリストにおいては、そのときはひとりひとりのものになるのだと認めている。思えば主の全生涯が犠牲であり、いけにえであった。「なだめ」ということについても十字架上の全く完全なもの、何一つ加えることができないものであり、「聖体祭儀」は、その神の恵みを人々に分け与えるために、イエス・キリストによって制定された儀式である(ネメシェギ著、281頁)と言われれば、これもまた先のレーンハルトと重なる部分があり、納得できるのではないだろうか。「神は聖体祭儀を捧げるまでは怒りに燃えているが、ミサが捧げられると怒りを静め、赦すと言うように解釈してはならない」(同上)のであり、論拠にアウグスティヌスが引用され、神の愛は御子の血によっての和解以前からであり、世の創造以前からの愛が説かれ、「アンセルムスの概念の弱さ」（「プロテスタントからカトリックへ橋をかける説教」マルク・リエンナール著、58頁）を理解させ、「赦す前に代償の死を要求する救済者」（同頁）に代わって創世に先立つ壮大な神の愛の強調に打たれるものがある。我々はその愛に立ち返るのみなのだ。

例にあげるのもおこがましいが、マザーテレサの自己奉献の原動力が毎朝のミサにあったことを思えば納得できるのではないだろうか。もとよりカルヴァンにその希望が無かったわけではない。先人アンブロジウスの言葉、「この日々のパンは日々の弱さのための薬である」を彼が知らなかったはずはない。無見識であるかもしれないが、カルヴァンの聖晩餐理解とカトリックの実体現臨理解両者にある喜びと希望について、私は大きな差異を認めない。むしろ「（聖餐には）実体が結びついていなければならない。さもなくば堅固にして確実なものは無くなってしまうではないか」（久米あつみ訳）とまで言うカルヴァンの多くの聖餐に関する言葉によって、カトリックミサに与る喜びは倍加したと言ってよい。実際そうであったし、与れる感謝は誰にも負けないと思った。回宗時、ある方が「実体変化の世界へようこそ」と歓迎してくださった言葉は忘れがたく今でも印象に残っているが、ミサ陪餐の文言中、「カトリックの洗礼を受けた人は」をせめて「洗礼を受けた人は」にしていただきたいと、カトリック新聞に投稿掲載されたのもその頃である。

しかしなお真の犠牲を捧げられた主との一体感は、現臨理解、その実質（スブスタンス）変化によって充足するものがあった。

元来、食することへの理解は女性のほうが感覚的に理解できるのではないだろうか？　食べるとは生きることであり、料理家辰巳芳子は次のように述べている。

「みんなが一番求めているのは理屈による救いではない。その救いを体験すること、救いを味わうために来ている。味わうことを助けるために理論理屈があるのであって、究極は体験こそが救いである。食というものに秘められているその大切さというものは本当の救いを味わえる大事な神との出会いの窓口になるのではないか」。

（『食の位置付け』東京書籍、２００８年）

また食のエッセイを書く平松洋子も言う。

「食べ物について語れば人間の核心が見えてくる。その理由はとても簡単だ。食べることは生きること。生きとし生けるものは食べる行為から逃れることはできない。何を食べるか、誰とどう食べてきたか、何を食べないか、食べてこなかったか、食について思考をめぐらせる言葉はみずからの生の証しである」。

（『食べる私』文芸春秋社、2016年）

また「身体性とは食べる行為から導き出されたひとつの表象である」と言い（同書）、「食べる。それは受諾をあらわす行為である。みずから口を開き、咀嚼し、味わい、喉を通し、腹の中に収める。つまり、食べものにまつわる状況を受け容れる意志の表明」なのだと「食べるという行為の尊厳」を説明する（「ひさしぶりの海苔弁」文春文庫、2016年）。フェミニズムの極みである。

「人はパンのみにて生きるのではない」がしかし、実際パンは切実に必要なのである。クサンチッペにはならずとも、太った豚よりは痩せたソクラテスこそと思い込んでいた私の理想は、還暦を6年も過ぎて、変えられつつある（現実的にも！）。

さりながら岩村清太訳編『秘跡について――トリエント公会議教理提要による』（中央出版社、

1966年）の言葉、「感覚だけをもってこの秘跡に接してはならない」、「司牧者は、まず第一に信者たちにその精神と理性とをあらゆる努力をもって感覚的なものの上にまで高めるよう教えねばならない」（同書94頁）はしごく当然の指導要領であり、十分かつ行き届いたカテキズム教育の必要は新旧両派共に必要事であることを覚えさせる。ネメシェギ師著書にも「結び」（357頁）部分において「聖体におけるキリストの現存だけを強調し、義とされた人の心に現存する聖霊、キリスト、御父の影を薄くするならば、正当な解答を与えることにはならない」とあり、16世紀を生きつつも、ルター共に会議には招かれずトリエント公会議第三会期時（1551年—1552年）には壮年期43歳であったカルヴァンが出席していれば肯いたのではないかと勝手な想像を巡らしてしまう。

いずれにしろ次のアウグスチヌスの言葉は至言である。

「私は大人の食物である。成長しなさい。そして私を食べなさい。あなたの肉体の食物のように私をあなたに変えるのではなく、かえって、あなたは私に変えられるであろう」。

スヒレベークス評価として、オルトプラクシス（正統的実践）を伴う解釈学だというものがある（『岩波キリスト教辞典』、623頁）。オルトプラクシスとは「正しい信仰を持つこと以上に、イエス・キリストの福音に従って生活、行為することのほうが重要であるとする考え」であり、意味は「正しくまっすぐな行為。基本的に現代神学で用いられる用語」であり、キリストのまねびもこれにあたり、「解放の神学」の中で重要な意味を持つと同辞典（187頁）にある。このオルトプラクシスを伴う解釈学の神学的営為によって、スヒレベークスは現代人にキリストや教会や秘跡の新たな経験をもたらそうとするとの評価である。「そうした彼の非体系的で解放的な神学」とも同書にある。

他方（と言っても論旨ははなはだしく飛ぶのであるが）体系的なカルヴァンは55歳で死に、「大全」のトマスも偶然にもほぼ同年齢で、飛びに飛ぶがジュネーヴのカルヴァン後を治めたフランソワ・ド・サル（サレジオ会の名前は彼に基づく）も55歳で亡くなっている。理を究めて何かを、それこそ天を見させられた人は早く召されるのだろうか？

スヒレベークス、レーンハルト、両師共に、時代とは言え、長生である。私たちは先人の意志を継ぎつつ、よりよい一つの教会のために対話を実らせてゆかねばならないと切に思う。先のリエンナール氏は否定的肯定の意味で「我らに答えは無い。確信を語るのみ」と述べられたが、私は答えはあると確信している。「主よ、今日一日を支えたまえ」と祈って始める日々は、貧しくとも充実した定年暮らしであり、自己を捧げ続ける日々は、若い日に主を覚えたことの結末と同時に恵みであり、神の国とその義を求める者には、全てを添えて与えてくださる事実を経験によって知りえたのだから。

同時に宣教は、若年層のみならず、「いのちの苦」（スピリチュアル・ペイン）をややもすると抱え、「趣味や読書で埋まらない空白間が苦痛でたまらず、もう死にたいと言う人もいる」老年層にも必要を感じる。「老いと死は怖いくらいに個の人生を問いかけてくる」のだ。だから宗教免疫乏しい日本は、「神を見失っても、なかなか日本のような無邪気なEs【それ】（⇄Du【あなた】）カテゴリーには沈み切れず、かえってその認めたくない神に対して、たびたび、一生を通じて烈しい我と汝の戦いをし続ける」西洋よりも、宣教においてはいっそう知恵をしぼり、その切り口を試行錯誤する必要があるのではないだろうか？「自然」を説くことは、日本になじみやすい倫理と美学と共に、一つの手段となり得るかもしれない。

末尾になってしまい、本末転倒ではあるが、スヒレベークス師については、ある本では「1914年生まれ、ドミニコ会司祭」とあるだけで周知の事実と言わんばかりであるが、その題名も『二十世紀のカトリック神学——新スコラ主義から婚姻神秘主義へ』（教文館、2011年）の中に、10人の一人として挙げられてもおり、訳書その他も出ているのでそれらを読んでその思想を深めることができると思う。他に『キリスト教神学資料集』(キリスト新聞社2007年)下巻も大変参考になる。

第二バチカン公会議においても「前進的先導」(本著"The Eucharist"裏表紙の紹介)を担われたことはよく知られているが、その背後にトリエント公会議への洞察があり、バチカンIIの「限界を指摘」(岩波キリスト教辞典)したことは、本書をお読みいただけばわかると思う。しかし過去に立ち戻りつつ、さらに歩を進めていく姿勢に教えられるものがある。

「スヒレベークス神学が現代神学にもたらした大きな貢献は、カトリック圏の中だけでなく、他の宗教にも及んだ。彼は神学者の中で今世紀のもっとも偉大な一人として高く聳えている。それは、思索という面だけでなく、信仰から溢れてきている命と喜びから出てくるものである」。ヴィセンテ・アリバス(『スヒレベークス　思想の変遷』新生社、2003年　24頁)。

新旧両派による神学教育は実現不可能事ではない。そこでなら、新教には聖餐の「深い現実性」に気づかせ、また旧教に対しては、1957年のルター派、カルヴァン派のアーノルドハインでの研究報告やロイエンベルク条項についての情報も齎されたり、またカトリック、ルター派間での共同聖餐への道も一歩進むだろう。【両者の間では、キリストが真実に現存しているという事実(that)に関しては全く一致し、キリストがどのような方法で現存するようになるか（how）という点に関してのみ議論されている】（ネメシェギ著当時、337頁）とのことであるが、今現在はどの段階なのだろうか？

「普遍」「神秘」「類比」など、どれ一つをとっても人間の対話能力には限界があるかもしれないが、神秘と言いつつ具体性（食すること）に場を譲るカトリック。言葉を究めつつ、単純シンプルな聖書（信仰告白・カテキズム）に委ねようとするプロテスタント。これは互いへの信頼の賭けである。人間の救いのために、学知と叡智を全力あげて統合し、互いに歩みより一つの教会を目指すという、人間への神の信頼と委託に答える賭けであり、神、答えたもうという信仰である。バチカン公会議曰く、聖体は真に「キリスト者の生命全体の泉、その全体の頂点」であり、この晩餐を全キリスト者で一致して祝わない祝えないという法はないはずである。

「主は一つ、信仰は一つ、バプテスマは一つ、すべてのものの上にあり、すべてのものを貫き、すべてのものの父なる神は一つである」（エフェソ書4・5）。

そのための主の言葉であり、主の晩餐であり、教会である。

2017年2月6日　大雪の日　大町にて

付記1

訳語については、「専門用語その他定訳のないものが多くまた従来の訳語では満足できない場合もあった」（イエディン著『公会議史——ニカイアから第二ヴァティカンまで』南窓社、1986年：梅津訳の訳者あとがき）に私も同感であり、同著のトリエント期部分に「全質変化」の語があり、勇気付けられた。なにしろ「変体説」の語さえある。またネメシェギ師はご自分は「実体変化」との訳語を採られているが、「キリストの現存のありようについて様々な説明が可能であり、現存の事実を不明瞭にしない限り、新しい説明を試みることには差支えがない」（『新カトリック大事典Ⅱ』研究社、1998年、「実体変化」の項）との言葉にも力を得た。なお先のイエディンの『公会議史』には、「トリエントではヨーロッパ外の司教は一人もいなかった」、「トリエントではルター、ツヴィングリは論じたがカルヴァンについては討議されなかった」、「(バチカンⅡにおいては) トリエントにおいて支配的であった有害な諸要素への恐れがいまや克服された」、「ヴァチカンⅡはそれまでの諸公会議、特にバチカンⅠとトリエントの修正ではなく、アジョルナメント（補正・現代化）を意味する」等、興味深い叙述が多々ある。ちなみにアジョルナメントは「とどまろうとする傾向と前進しようとするそれとの対決という形でなされる」のであるが、ネメシェギ師の「バチカンⅡによってカトリック教会の中で400年続いたトリエント公会議時代が終ったと言えよう」との言葉もある。全体に、ネメシェギ師著『主の晩餐』（南窓社、1970年）は、末尾の聖公会側の方の「付録（二）」のサクリファイスについての論文【私的にはカルヴァンのサクリファイス論考察も、後進の方々に大いに期待したい】も合わせて、中庸だが明解な印象があり、新教になじんできた者にも説得力があった。

「熱心に行われた一つの聖体拝領は、多くの不熱心な聖体拝領よりも効果的である。他方、一般的に言えば、翌日にはもっと熱心に聖体を拝食するために最良の準備をすることは、今日、熱心に聖体を拝食することであるというのも正しい」（『主の晩餐』、349頁）の言も斬新である。

付記2

トリエント公会議教令からの本文引用。

①「それでわれわれの救い主は、この世を去って御父のもとへ行く前に、この秘跡を制定し、その中に人間に対する彼の神的愛の宝を、いわば注ぎ、『かれの驚嘆すべきわざ

の記念とした』（詩篇111・4）。そしてそれらを受けるときに、かれの思い出を敬慕し、かれみずからこの世をさばくために『来るときまで、かれの死を告げる』（Iコリント11・26）ことを命じた。キリストはこの秘跡が、魂の霊的食物として拝食され、それによって人々が養われ、強められることを望んだ。これらの人々は『私を食べる者は私によって生きるであろう』（ヨハネ6・58）と言ったキリストの生命で生きる人々である。またキリストは、この秘跡が薬として拝食され、大罪から守られるように望んだ。また、かれはきたるべきわれわれの栄光と、永遠の至福との保証であることを望み、また、かれみずから、その頭である唯一のからだの象徴であることをも望んだ。われわれはその肢体として、信仰と希望と愛との緊密なきずなによってこのからだに結ばれ、『こうしてわれわれすべての者が語ることを一つにし、われわれの中に分裂がないようになる』（一コリント1・10）ことを望んだ」。（ネメシェギ著「主の晩餐」254頁）

②「最後に聖なる公会議は、父としての愛情をもって、次のことを我々の神の哀れみに訴えて勧告し、励まし、求め、願う。すなわち、キリスト者と呼ばれているすべての人が、おのおの主イエス・キリストの大いなる尊貴と、いと深き愛とを覚えて、この統一の

しるしについて、この愛のきずなについて、この協調の象徴について、いまや、ついに一致し、協調するように。主はその愛する魂を我々の救いの代償として、与え、その肉を我々が食べるために与えた。かれのからだと血との聖なる秘跡を、キリスト者は絶えざる、堅き信仰、献身、敬虔と崇敬とをもって、信じ、尊ばねばならない。それは、かれらがあの超現実的パンをしばしば受けることができ、またそれが真にかれらの霊魂の生命、精神の永遠の健全さとなるためである。かれらはその力によって、この悲惨な巡礼の旅を終え、天なる故郷に到達することができ、かれらが今聖なるおおいのもとで食べているのと同じ天使のパンを、なんらのおおいなしに食べうるに至るであろう」。

（同上２７１頁）

付記３　ネメシェギ著『主の晩餐』第四章　結語（３５３頁）

「したがって、第二バチカン公会議も適切に述べているように、聖体は真に『キリスト者の生命全体の泉、その全体の頂点』である。聖体から、すべての恵みの川が豊かに流れ出ている。聖体にそれほどの力がある理由は、それがキリストの死の秘跡であり、キリストと教会の奉献であり、復活秘儀に人々をあずからせる新約の宴であるからである。それを通して、キリストによって、全人類が聖なる交わりをもって父なる神のもとへもどっていく。」

付記4

「この悲惨な巡礼の旅」の言葉どおり、救いとはこの旅を歩み抜き、喜びを持って生き抜ける手段であって、月刊『福音と世界』２０１5年12月号掲載、本田哲郎師の「キリスト教を卒業しないと福音の勘所は掴めない」に、私はほとんど全面的に共感する。

メタノイアは実に「悔い改め」というよりは「低みからの見なおし」であろう。ただ、「教会」は応援団としてだけでなく、まだまだ教導の責任を負う位置であることを考えれば、よく教え導き得る聖職者の存在は不可欠であろうし、その人たちは決して信徒を沈む箱舟に載せたままには放置せず、一致を妨げているものに目を向け、「福音に信頼してあゆみを起す」であろう。そのためにも聖職召命者は充実した教育を受ける権利がある。

付記5

今回、池田敏雄神父様、岩村清太先生、そして聖三木図書館に大変お世話になりました。

記してお礼を申し上げます。加えて、今も今までも、そしてこれからも、最高最大の協力者である齊藤肇吉氏に心から感謝します。

２０１７年6月23日　薫風の中　大町にて

訳者略歴

時任美万子（ときとう・みまこ）

1950年宮崎県生まれ。都城メノナイト教会でレウンルー宣教師より受洗。東京基督教短期大学（卒論、一宗教改革者の目指したもの）日本キリスト教会神学校（卒論、カルヴァンの予定論）を経て日本キリスト教会東京中会で説教及び牧会に従事。

その間、北米Calvin College Meeter Centerや南仏モンプリエInstitut Protestant de Montpèllier等で学びつつ、アジア・カルヴァン学会に属し、論集“Calvin in Asian Churches”にMimako SaitoとしてSusan E Schreiner's View of Calvin: Directions for Preachers”(Vol,1 2002), “Margerite de Navarre et Jeanne d'Albret: Calvin and Feminism”(Vol,2 2004), “Not Heavenly Presence, but Personal Presence: A Challenge to Mr. Calvin”(Vol, 3 2008)を掲載。

翻訳として『神学と牧会』誌　No21に「現代フランス改革派教会のリタージー」。アジア・カルヴァン学会編カルヴァン生誕500年記念論集『新たな一歩を――カルヴァン生誕500年記念論集』（キリスト新聞社、2009年）にイレーナ・バッキュース論文「16世紀後期のルター派、ツヴィングリ派、カルヴァン派における〈獣〉の解釈」。マルク・リエンナール著『プロテスタントからカトリックへ橋をかける説教』（原題：「朝は来る」）（ヨベル、2015年）。

個人発表として国際カルヴァン学会第10回における“Calvins Legacy in Japan”(Vandenhoeck & Ruprecht 2012所収)。（これは仏プロテスタント歴史協会Bulletinの久米あつみ論文をIとし、続IIとして読まれることを希望する）。

他に日本キリスト教会「家庭礼拝暦」に小説教、「福音時報」に書評など。

2016年カトリックに回宗。一男三女、五人の孫に恵まれていることに感謝。

ヨベル新書 046

ザ・ユーカリスト

トリエント公会議以降の新たな出発

2018 年 4 月 25 日 初版発行

著　者 ── エドヴァルト・スヒレベークス

訳　者 ── 時任美万子

発行者 ── 安田正人

発行所 ── 株式会社ヨベル　YOBEL, Inc.

〒 113-0033 東京都文京区本郷 4-1-1-5F

TEL03-3818-4851　FAX03-3818-4858

e-mail：info@yobel. co. jp

DTP・印刷 ── 株式会社ヨベル

配給元―日本キリスト教書販売株式会社（日キ販）

〒 162 - 0814　東京都新宿区新小川町 9-1

振替 00130-3-60976　Tel 03-3260-5670

ISBN978-4-907486-55-6 C0216

【本のひろば２０１６・２月号】

マルク・リエンナール　時任美万子訳
プロテスタントからカトリックへ橋をかける説教
ストラスブールの街から

評者：仏文学者　久米あつみ

境界を越えること

……「わたしの目には福音宣教はその間のテキストが目立つようにとふたつの極を持つ。ひとつめは正確かつ説得力あるテキストの釈義と、それをその時代の社会的、政治的、個人的、人格的な挑戦にすることとの間の緊張関係である。……もう一つの「極」は直説法と命令法である。……グローバル化して人々への宣教は……頭と、そして心に、感覚に訴えることが必要なのだ。つまりは意志にである。なぜならそれは動くことを欲し、行為及び変化に向けて始動するからである」。この「ふたつの極」を踏まえた説教、特に前半の教会暦に沿った説教は、メッセージが明確で、慰めと励ましに満ちている。

……〈場〉についての格別の感慨を持たない私たちは、ある意味〈根無し草〉なのではなかろうか。根を一つの〈場〉にもっていないがゆえに、境界を越えて広がって行くことも出来ないのではあるまいか。そんなことを思わせる著者の姿勢はまことに自然であり、真理は単純明快だと言って、共なる賛美を新・旧両教会に呼び掛ける。

ヨベル新書034　新書判・二一六頁・本体一一〇〇円＋税　ISBN4-907486-28-0

ヨベル新書（一部掲載：税別表示）

ヨベル新書

003　渡辺　聡　東京バプテスト教会のダイナミズム 1

日本唯一のメガ・インターナショナル・チャーチが成長し続ける理由《わけ》　〈再版〉¥1,000　4-946565-43-4

004　山本美紀　メソディストの音楽

福音派讃美歌の源流と私たちの讃美　¥900　4-946565-64-9

007　山下萬里　死と生　教会生活と礼拝　¥1,400　4-946565-73-1

010　渡辺　聡　東京バプテスト教会のダイナミズム 2

渋谷のホームレスがクリスチャンになる理由　¥1,000　4-946565-91-5

013　大和昌平　追憶と名言によるキリスト教入門 ¥900　4-946565-94-6

014　ネヴィル・タン　金本恵美子訳　7172　品切

「鉄人」と呼ばれた受刑者が神様と出会う物語　¥1,000　4-946565-59-5

015　齋藤孝志　キリストの体である教会に仕える

エフェソ書に徹して聴く　¥1,000　4-946565-97-7

017　齋藤孝志　道・真理・命　1

ヨハネによる福音書に徹して聴く（1～6章）¥1,000　4-946565-96-0

021　齋藤孝志　道・真理・命　2

ヨハネによる福音書に徹して聴く（7～12章）¥1,000　4-907486-01-3

022　宗藤尚三　核時代における人間の責任　〈再版〉

ヒロシマとアウシュビッツを心に刻むために　¥1,000　4-907486-05-1

026　齋藤孝志　道・真理・命　3

ヨハネによる福音書に徹して聴く（13～21章）¥1,000　4-907486-11-2

027　山口勝政　キリスト教とはなにか？

ヨハネ書簡に徹して聴く　¥1,000　4-907486-13-6

028　渡辺　聡　医者と薬がなくてもうつと引きこもりから生還できる理由《わけ》

東京バプテスト教会のダイナミズム 3　¥1,000　4-907486-18-1

029　中澤秀一　グローブから介護へ

元巨人軍選手からの転身　〈在庫僅少〉¥1,000　4-907486-20-4